『화어류초』의 어휘 연구

『화어류초』의 어휘 연구

김 철 준

도서출판 역락

賀 序

　김철준 군의 '『화어류초』 어휘 연구'가 출판되는 기회에 몇 마디 말씀 해달라는 청탁을 받고 이렇게 펜을 들게 되었다.

　김철준 군은 학부생으로부터 석사과정에 이르기까지 제가 가르쳐온 학생으로, 지금은 박사학위까지 받고 한 학교, 한 학원, 한 학부에서 함께 교직생활에 있다.

　김철준 군이 석사논문 집필을 시작하려 할 때 그때까지 중국 내에 소개도 되지 않았고 또 한국 내에서도 별로 큰 관심이 없는 『화어류초』에 대해 한번 곰곰이 살펴보는 것이 어떻겠는가 하는 저의 생각을 말했더니 철준 군이 쾌히 그렇게 하겠노라 하면서 받아들이는 것이었다. 제가 그때 생각한 것은 리조말기에 간행된 『화어류초』는 사전적 성격을 띤 어휘대역집으로서 우선 근대말 중국어 음운, 어휘, 문법 등에 대해 연구함에 가치가 있고 아울러 리조말 한국어 어휘 및 기타 음운 등 연구에 가치가 있다고 생각했기 때문이다. 그리고 19세기에서 20세기로 전환하는 시기의 언어사 연구에도 도움이 된다고 생각했기 때문이다.

　이런 생각에서 중국어 올림말과 어음표기는 잠시 제쳐놓고 한국어 올림말의 제 방면을 집중해 분석하게 하였다. 그런데 그때까지만 해도 우리 대학에는 『화어류초』가 없었으므로 부득이 이웃나라 조선 김일성종합대학에 유학한 저의 학생을 통해 여러 경로로 교섭하여 그곳 도서관의 『화어류초』를 복사해 오고 같은 시기에 저 중국 양자강 남쪽 절강성 도서관에 수차 연계하여 그곳의 판본도 복사해 오게 되었다. 그 과정이 대단히 복잡하고 시간도 걸렸었다. 이렇게 되어 논문 집필이 시작되었고 석사학위논문으로도 통과되었다.

　오늘 출판되는 이 책은 그 학위논문인바, 논문에 간혹 미비한 점이 있고 결점이 있다 하더라도 그토록 수고한 과정을 감안하여 양해하시고 조언해주시기 바란다.

김철준 군은 워낙 성품이 어질고 솜씨도 깔끔하여 학위논문을 쓰는 과정에 또 나름대로 모든 한국어 올림말을 다시 색인하고 중국어 올림말을 정리하였는바 그 부분도 이 책의 부록에 많이 보충되었다. 이 부분은 근대조선어시기의 어휘뿐만 아니라 다른 시기 어휘 연구에도 큰 도움이 되리라 생각된다.

제가 조선조 시기의 여러 가지 언해서와 대역서, 운서들을 종합적으로 다루어 그 속의 한자들의 중국음을 하나하나 표음하여 『朝鮮對音文獻標音手冊』을 펴낸 일이 있는데 그때에도 김철준 군은 주력 인원이었다.

저는 지난 시기의 이 모든 것을 생각하면서 앞으로 김철준 군이 조선조의 『류해』류나 기타 대역사서 연구에서 꼭 종합적인 새 연구 성과를 따올 것이라 확인하게 된다.

이번에 김철준 군의 첫 연구성과가 잘 평가되어 서울에서 출판되게 된 것을 지도교수로서 다시없는 기쁨으로 여긴다. 그리고 꾸준히 교직에 몸바치면서 성실하고 세심하게 연구활동을 계속 밀고 나가는 김철준 군에게 앞으로도 때묻지 않은 깨끗한 솜씨로 새 영역을 개척해 나가기를 미리 기원한다.

끝으로 이젠 한두 번도 아니고 여러 번 연변대학 쪽의 책을 대가 없이 출판해주신 역락 출판사 이대현 사장님께 감사의 큰절 올린다.

2004년 10월 연길에서
이득춘

▌序 文

　이 책에서는 주로 근대 조선어시기 말기의 문헌으로서 그 가치와 의의가 있는 『화어류초』의 어휘에 대하여 논의하였다. 『화어류초』는 근대 조선어시기 말기와 현대조선어시기의 분수령에 놓여있는 대역사서식 어휘집으로서 천문, 지리 등 총 항목 63개 부분에 약 2천여 개 정도의 단어가 실려있는데 모든 항목은 중국어와 그에 대응하는 조선어어휘 또는 설명구의 대역구조로 되었다. 따라서 그 어휘체계, 어휘변화 등으로 근대조선어시기에 나타나는 여러 특징을 찾아볼 수 있다. 그럼에도 불구하고 그것에 대한 연구성과는 많지 않다. 본서에서는 이런 상당한 제약을 받으며 『화어류초』에 나타나는 어휘들에 대한 연구를 진행하여 근대말 조선어 어휘 연구에 조그마한 보탬이라도 주고자 노력하였다.

　이 책은 크게 『화어류초』의 어휘체계 연구, 『화어류초』의 어휘변화 연구, 부록으로 구성되었는데 특히 부록에 큰 힘을 기울였다. 그것은 부록이 근대조선어시기의 어휘뿐만 아니라 다른 시기 어휘 연구에도 큰 도움이 되리라 생각하였기 때문이었다. 하여 부록 1에서부터 8까지는 『화어류초』의 어휘를 기간으로 하여 그 어휘들에 『역어류해』, 『한청문감』의 어휘들과 그리고 현대어들을 대응시켜 어휘색인을 하였고 부록 9에서는 『화어류초』의 풀이어들에 대하여 다시 색인을 하고 고유어로 된 풀이어들에 대해서는 국제음성기호를 달아주었으며 부록 10에서는 표제어의 각 한자어들에 대하여 병음을 달아주고 국제음성기호로 표시하여 주었다. 이 작업은 어찌 보면 아주 간단한 것 같지만 이것을 완성하기까지 상당히 많은 시간이 소모되었다. 왜냐하면 98년도를 놓고 보면 컴퓨터 보급이 잘 되지 않은 상황에서 모든 자료를 카드로 작성하지 않으면 안 되었기 때문이었다.

지금도 때로는 그때 정경이 눈앞에 선히 떠오르곤 한다. 카드를 침대 위에 쭉 펴놓고 그것도 모자라 땅바닥에까지 펴놓고 벌벌 기어다니며 카드를 작성하던 일, 여러 가지 사전을 쌓아놓고 날을 새가며 병음을 달고 국제음성기호로 기록하던 일, 한자 하나 때문에 몇 시간씩 소모하던 일……

지금 같으면 컴퓨터에 입력해 넣고 분류하면 아주 빨랐을 건데 말이다. 아무튼 그때 그 카드 작성이 밑거름이 되었기에 이번 출판이 있게 된 것이다. 정말 범 무서운 줄 모르고 천방지축 뛰어다니던 그때가 무척 그립다.

이 책이 나오기까지 늘 학문의 길잡이가 되어 주신 이득춘 교수님의 격려와 채찍질은 평생 잊을 수 없는 은혜이다. 교수님께서는 학부 시절부터 대학원 시절에 이르기까지 필자에게 좋은 가르침을 주시고 좌절을 당할 때마다 용기와 격려를 보내 주셨다. 필자의 오늘이 있게 된 것도 모두 교수님의 큰 가르치심 덕분이다.

그리고 이 책의 출판에 기꺼이 응해 주신 역락 출판사 이대현 사장님과 책이 나오기까지 여러 모로 애써 주신 편집부 권분옥 씨를 비롯한 여러분께도 두루 감사를 드린다. 막상 책을 내려니 부끄러운 마음뿐이다. 선후학들의 많은 지도와 편달을 바란다.

2004년 10월 연길에서
지은이 씀

차 례

Ⅰ. 서 론

1. 연구목적과 연구방법 및 기존성과

조선어사에서 근대조선어시기는 17세기부터 19세기 말까지의 약 300년 동안을 말한다. 조선어사의 시대 구분에 대해서는 여러 학자들의 논의가 있었고 다소 다른 점이 있기는 하지만 대체로 갑오경장을 하나의 시기로 구분하는 데는 동의하고 있다.[1]

근대조선어는 중세조선어와 현대조선어를 이어주는 교량적인 시기의 조선어이다. 근대조선어시기는 후기중세조선어의 변화된 결과가 나타나서 새로운 체계를 보이기 시작하는 시기이며 동시에 현대조선어의 제반 특징이 출현하기 시작하는 때이기도 하다.[2] 근대조선어에서 현대조선어로 넘어오는 시기에 가장 두드러지는 변화를 보이는 것은 음운이나 문법보다도 어휘이다. 근대조선어 어휘는 중세조선어 어휘와 극심한 단절을 보이지 않는다. 중세조선어시기에 사용되던 어휘가 상당한 수는 그대로 근대조선어로 이어진다. 이처럼 중세조선어 어휘를 이어받으면서도 언어 내적으로는 일반적인 언어변화과정을 거치고 언어 외적으로는 사회변화를 반영하는 어휘갱신이 일어나면서 근대조선어의 어휘모습이

---

1) 『국어의 시대별 변천연구』, p.110, 국립국어연구원, 1997년.
2) 홍윤표, 『근대국어연구』(1), p.41-44, 태학사, 1994년.

형성되었다. 즉 중세조선어에서 이어받은 어휘의 형태나 의미가 바뀌기도 하였으며 새로운 단어가 등장하기도 하였다. 한문중심의 문자생활이 계속 지속되었기 때문에 어휘 중에서 한자어가 차지하는 비중이 계속 늘어났으며 사용자의 범위도 확장되었다. 그렇지만 유감스러운 점은 자료가 풍부함에도 불구하고 아직까지 근대조선어 어휘에 대한 연구성과가 많지 않다는 점이다.

특히 『화어류초』의 어휘에 대한 연구성과는 필자의 제한된 조사에 의하면 아직 없고 다만 판본에 대한 연구성과가 두 개 있을 뿐이다. 그 중 하나는 『華語類抄小考』(홍순혁, 한글97 한글학회, 1976년)이고 다른 하나는 『조선어학사』(오꾸라신베이, 도강서원 소화, 1939년 10월 30일)에서 논한 한 단락이다. 이런 문장들에서는 판본에 대해서만 논했을 뿐이지 그 어휘에 대해서는 논하지 못하고 있다. 본 논문에서는 이런 상당한 제약을 받으면서 『화어류초』에 나타나는 어휘들에 대하여 연구를 진행하여 근대 말 조선어 어휘 연구에 조그마한 보탬이라도 주고자 한다. 주로 어휘체계3)와 어휘변화에 대하여 논하려 한다.

『화어류초』는 근대조선어시기 말기의 문헌이라는 데 그 가치와 의의가 있다.

어휘체계에서는 『역어류해』의 어휘체계와의 통시적 비교를 통하여 조선어 어휘체계에서의 중국어 기원의 한자어의 지위와 『화어류초』가 처한 시대의 어휘체계에 대한 진일보로 되는 연구를 하게 된다.

어휘변화에서는 통시적 각도에서 『역어류해』, 『한청문감』, 『화어류초2』와 그리고 현대어를 서로 비교하여 기술한다. 이는 조선어 기본어휘에 대한 올바른 이해와 정확한 사용에 도움을 줄 것이다. 또한 어휘변화를 통하여 표기법과 음운의 변화 역시 간접적 혹은 직접적으로 어휘에 큰 영향을 주고 있다는 것도 알아볼 수가 있다.

---

3) 리득춘, 『조선어어휘사』, p.100(연변대학출판사, 1988년), 『문화어어휘론』 p.44(김일성종합대학출판사, 1975년)를 참조하라.

2. 자료선택

『화어류초』는 근대조선어시기 말기에 편찬된 대역사서식어휘집으로
서 그 어휘체계, 어휘변화 등에서 근대조선어시기에 나타나는 여러 특
징들을 찾아볼 수 있을 뿐만 아니라 이들과 다른 현상들도 찾아볼 수
있다. 본 논문에서는 이런 현상들을 돌출히 하기 위하여 『화어류초』를
기간자료로 하면서 『역어류해』, 『역어류해보』, 『한청문감』 등도 많이 참
조하였다. 이러한 문헌들을 선택한 것은 이것들의 형식, 내용, 체제에
있어서 『화어류초』와 아주 상사한 점을 갖고 있기 때문이며 또한 이것
들이 각각 근대조선어 초기, 중기, 말기에 해당하는 문헌들이라는 데도
그 선택가치가 있다.

3. 『역어류해』, 『역어류해보』, 『한청문감』과 『화어류초』의 문헌적 성질

1) 『역어류해』와 『역어류해보』

『역어류해』(아래에는 『역해』라 한다)는 문상국이 사역원 중국어 역관인
신이행, 김경준, 김지남 등에게 명하여 편찬하게 하고 중국인 문가상,
정선갑 등의 수정을 받아 1690년에 사역원의 정창주, 윤지홍, 조덕현으
로 하여금 2권 2책의 목판본으로 간행하게 한 중국어 어휘사전이다.

『역어류해보』(아래에는 『역해보』라 한다)는 『역어류해』의 보편으로서 김
홍철이 1775년에 『역어류해』의 단점을 보충하여 편찬한 것이다.

『역어류해』는 두 가지 이본(異本)을 갖고 있는데 모두 서울대도서관에
있다. 규장각본보다 고도서본(古圖書本)이 그 초간본인 것으로 보인다. 왜

냐하면 구개음화의 표기 등이 다른 본들보다 가장 적게 반영되어 있기 때문이다.

『역어류해』는 천문, 시령(時令), 지리, 기후 등 총항목 62부문으로 구성되었는데 어휘수가 약 5천 정도에 달한다. 모든 항목은 중국어와 그에 해당하는 조선어 어휘 또는 설명구의 대역구조로 되었는데 표제어로 적힌 중국어 어휘에는 매 한자의 아래 좌우에 중국음(오른쪽의 것은 당대의 속음이고 왼쪽의 것은 역사적 표기에 의한 이른바 정음임)을 적었다.

『역어류해보』는 그 체제가 『역어류해』와 동일하며 유문항목도 『역어류해』처럼 62부문으로서 『역어류해』에 오르지 않은 단어들을 1천 1백여 개 새로 보충하였다.

2) 『한청문감』

『한청문감』은 18세기 70년대에 조선에서 간행한 만주어·한어·조선어 대역사전으로서 올림말수가 무려 1만 2,000여 개를 초과하는 방대한 규모를 가진 사전이다. 이 책은 당시 전문번역기관이었던 사역원에서 간행한 것이다.

『한청문감』의 원본은 청나라에서 간행한 『어제증정청문감』인데 46권, 48책으로 된 것이다. 그 중에는 총강 8권, 보편 4권, 보편총강 2권이 포함되어 있는데 『한청문감』에서는 전부를 15권으로 줄이고 보편을 제15권에 요약하여 싣고 총강은 삭제하였다.

『한청문감』(아래에는 『한청』이라 한다)은 한어단어를 올림말로 첫머리에 놓고 그 발음을 정음자로 표기한 다음 조선어역문을 보여주고 그 아래에 해당한 만주어를 제시하고 옆에다 발음을 정음으로 달아주었고 마감에 올림말에 대한 만주어해석을 역시 정음자로 전사해놓았다.

3) 『화어류초』

『화어류초』는 19세기 말에 간행된 문헌으로서 두 가지 판본을 갖고
있다. 하나는 목활자본이고 다른 하나는 목각본이다. 필자는 두 가지 판
본을 다 갖고 있는데 전자는 김일성종합대학에서 복사한 것이고 후자는
절강성도서관에서 복사한 것이다. 이 두 가지 판본은 19세기 말의 문헌
으로 추정된다. 그 근거는 다음과 같다.

첫째, 목각본 『화어류초』에는 『화음계몽언해』라는 책의 내용의 일부
가 『화음계몽언해상』이라 하여 실려있기 때문이다. 『화음계몽언해』는
당시의 역관이었던 리응헌이 1883년에 편찬한 『화음계몽』을 같은 해에
언해하여 간행한 중국어 회화책이다. 홍순혁 선생은 『화어류초소고』에
서 다음과 같이 말하고 있다.

> "『화어류초』는 목활자본과 목각본이 있다. 이것은 흔히 보는 초판,
> 재판 정도의 것이 아니고 一本은 他本에서 볼 수 없는 卷頭부록을 가지
> 고 있어 이것이 『화음계몽』의 卷尾부록, 『화음계몽언해』의 일부를 抄略
> 하여 옮기어 온 것임을 알 수 있다. 따라서 한 가지 더 고찰하지 않으면
> 안 될 것은 활자본과 목각본의 인쇄연대에 대한 것이다. 편집된 내용으
> 로 보아 그 어느 것이 먼저 되고 나중에 되었다고 단정하기 어려우나
> 활자본 『화어류초』와 『화음계몽』, 『화음계몽언해』가 똑같은 글자체, 똑
> 같은 글자 크기의 목활인 것, 인쇄용지나 책의 크기가 같은 점으로
> 보아 더욱 이 세 책의 표지에 새기어 놓은 題簽의 글씨가 같은 한 사람
> 의 붓임을 보아 화음계몽, 동언해, 화어류초 목활자본은 고종 20년 癸未
> (서기 1883) 간행이라고 믿으며 목각본 『화어류초』는 그 부록을 전기
> 화음계몽과 동언해에서 가져온 점으로 미루어 좀더 그 후에 간행된 것
> 같다."[4]

오꾸라신베이도 『조선어학사』에서 판본에만 대해서 논하고 있는데 그
가 갖고 있는 것은 목각본 『화어류초』로서 그는 『화어류초』는 『화음계

---

4) 홍순혁, 『화어류초소고』, 한글97 한글학회, 1976년.

몽언해』와 관계가 될 뿐만 아니라 그 간행연대도 동시기거나 그 후에 간행된 것5)이라 했다.

둘째, 『화초1』(편리상 활자본 『화어류초』를 『화초1』이라 하고 목각본 『화어류초』를 『화초2』라 한다)과 『화초2』에는 '총리아문'이라는 관직명이 적혀있는데 '총리아문'(p.10)은 청정부에서 1861년에 설치한 한 가지 관리기구였다. 또한 『화초1』에서 보면 개화파들의 계몽사상을 보여준 어휘들을 거의 찾아볼 수 없다. 개화파들에 의한 자산계급 혁명은 1884년에 일어난 것6)이다. 그리고 보면 『화초1』은 1861년부터 1884년 사이의 문헌임을 알 수 있다.

셋째, 『화초1』의 한 장밖에 없는 서문에는 다음과 같은 구절이 있다. 『初聲ㄱ者今多從ㅈ如家字古갸而今以쟈』. 이는 한어의 구개음화에 대하여 논한 것으로서 중국어에서의 구개음화는 19세기 말에 이루어졌다.7)

이런 점들로 미루어볼 때 『화초1』과 『화초2』는 19세기 말에 간행된 문헌이라고 할 수 있다.

『화어류초』는 단행본으로 된 중국어학습서로서 천문, 지리 등 총항목 63개 부문에 약 2278개 정도의 단어가 실렸는데 모든 항목은 중국어와 그에 대응하는 조선어 어휘 또는 설명구의 대역구조로 되었다.

이상에서 보다시피 이 세 문헌은 그 간행연대에 있어서 약 100년간씩이란 차이를 보이고 있다. 그러나 그 형식이라든가 내용, 성질에 있어서는 별로 큰 차이가 없다.

한마디로 말해서 이 세 문헌은 모두 다 대역사서식어휘집의 기능을 하는 것이었다. 이는 오늘의 시점에서 당대의 조선어 어휘체계뿐만 아니라 근 300년에 달하는 근대조선어의 어휘체계와 어휘변화를 파악하는데 단서를 제공하여준다고 할 수 있다.

---

5) 오꾸라신베이, 『조선어학사』, 도강서원, 소화39년.
6) 리득춘, 『조선어휘사』, 연변대학출판사, 1987년.
7) 김기석, 『朝鮮韻書中所反映的明淸音系硏究』, p.96, 박사학위논문, 1998년.

Ⅱ. 『화어류초』의 어휘체계에 대한 연구

　주지하다시피 세나라 초기의 조선어는 단어의 체계에 있어서 단일성을 갖고 있었다. 즉 단어의 체계 내에 아직 외래적 성격이 침투되지 않고 순수 고유어의 체계를 확보하고 있었다. 그후 유교, 불교의 전파와 영향으로 하여 한자어가 조선어에 들어오기 시작했으나 그것은 어디까지나 조선어에 없는 새로운 개념을 나타낸 낱개의 단어들이었다. 그러다 삼국통일 후 특히 신라 경덕왕(757) 시기에 이르러 본격적으로 형성되기 시작한 한자어계열은 고려시기를 거쳐 후기 중세조선어시기에 이르러서는 한자어체계를 확립하였다. 하여 조선어에는 고유어와 한자어의 이중체계가 확립되었다. 이러한 상황은 간단없이 계속 지속되었다. 근대조선어의 어휘체계는 이 기존의 두 개 큰 체계를 기초로 하여 발전하여 왔다.

　본 논문에서는 『화초1』의 어휘체계에 대하여 『역해』와 『역해보』의 어휘체계와 비교하면서 기술, 논의해보기로 한다.

　아래에 『화초1』의 어휘를 몇 개 부류로 나누어 서술한다. 여기에서 『화초2』의 어휘에 대하여 논하지 않는 것은 그 체제가 『화초1』과 같기 때문이다. 다른 점이라면 한자어 풀이어가 모두 정음으로 적힌 것이다. 하기에 본 논문에서는 『화초1』을 대표로 하여 그 어휘에 대해 검토해보기로 한다.

1. 중국어표제어를 대역한 풀이어에 대한 검토

1) 표제어와 동일한 풀이어들

즉 日이蝕시 ○ — 와 같이 조선말 대역어가 중국어 단어와 동일함을 나타낸 부류로서 애당초 한자로 기록되어 당시나 현대나 해당시기의 음으로 읽어 굳어진 한자어들이다. 『화초1』에는 이 부류에 속하는 어휘가 369개로서 전체 어휘수의 약 17.2%를 차지한다. 『역해』에는 이 부류에 속하는 단어가 약 300여 개에 달한다. 이 가운데는 『역해』와 『화초1』에 다 같이 나타나는 단어도 있고 『역해』에 없는 것이 『화초1』에 있고 『화초1』에 없는 것이 『역해』에 있는 단어들도 있다.

『화초1』에서의 이 369개 단어 가운데서 현대에 이르러서도 의연히 쓰이고 있는 한자어들을 일부 뽑아 적어보면 다음과 같다.

● 역어류해

日蝕, 月蝕, 來月, 冬至, 咨文, 煙臺, 壯元, 果園, 念佛, 皇帝, 王子, 月經, 石灰, 藥材, 寸白蟲, 强盜, 珊瑚, 天平, 槍

● 역어류해보

豊年, 黃昏, 溫泉, 總督, 亭子, 吶喊, 火藥, 合掌, 皇后, 元宵, 蛔蟲, 救療, 硫黃, 灰色, 五味子

● 화어류초

日蝕, 來月, 白日, 海水, 江水, 咨文, 家信, 主事, 學士, 城樓, 秀才, 壯元, 亭子, 親兵, 短刀, 合掌, 念佛, 皇后, 王子, 月經, 黃酒, 沙果, 痔疾, 藥材, 火藥, 原告, 强盜, 珊瑚, 朱紅, 眞紅, 薄荷, 竹筒, 雨傘, 燈臺, 寸白蟲, 膽

이 부류에 속하는 어휘들에서 약 90여 개의 어휘가 현대에 이르러 생

명력을 잃었음을 확인해낼 수 있는데 이 부류 어휘의 약 24.3%를 차지
한다. 특히 '례도(禮度), 식식(食蝕), 직조(織造)' 등 부문에 속하는 어휘들
에서 잊혀진 어휘가 많다. 이는 생활양식의 변화로 말미암아 잊혀진 것
이라고 보아진다. 예를 들면 '不敢, 龍鳳糕, 蜂糕, 江米條, 爐糕, 白來紅,
大八件, 氷蔆花, 蔆花, 門冬, 茋茛, 榛子糕, 五花糖, 八雲, 寶相花, 粧緞,
碎花, 八兩紬, 老紡紬, 宮稍, 通海緞, 白鳥朝鳳緞, 吉祥紗' 등과 같은 단
어들이다.

　주지하다시피 어휘는 사회의 모든 변화에 대하여 직접적으로 신속하
게 반영하기 때문에 아주 민감하고 변화가 빠르다. 사회적으로 새로운
사물, 현상이 나타나게 되면 그것을 반영하는 단어가 생기게 되며 사회
적으로 어떤 사물, 현상이 없어지게 되면 그것을 나타내던 단어나 표현
이 점차 쓰이지 않게 된다.

　지금까지 생명력을 갖고 있는 어휘는 약 280여 개로서 이 부류 어휘
의 약 75.7%를 차지한다. 이런 어휘들은 '시령(時令), 사관(寺觀), 수족(水
族), 화초(花草), 수목(樹木)' 등 부문에 속하는 어휘들이다. 예를 들면 '來
月, 白日, 佛堂, 念佛, 合掌, 道士, 袈裟, 靑魚, 海蔘, 民魚, 牧丹, 海棠,
蓮花, 菊花, 石榴花, 鳳仙花, 梅花' 등과 같은 단어들이다. 이런 어휘들
이 이렇게 견인성이 강한 것은 사물 자체의 계속적인 존재와 관계되기
때문이라고 보여진다.

　여기에서 재미있는 것은 식식(食飾)에 속해 있는 '沙果'이다.『화초1』에
는 '沙果'로 쓰였지만『화초2』에서는 정음으로 '사과'라 쓰여있다. 심재
기 선생은 '沙果'에 대하여 "현대중국어에서는 '苹果'가 쓰이고 '沙果'는
잊혀졌는데 오히려 조선에서 이 단어가 생명을 얻어 쓰이고 있다."[8]고
하였다. 이는 올바르지 못한 해석으로서 좀더 검토를 해봐야 할 것이다.

　현대중국어에서 '沙果'는 '苹果'와 같이 의연히 쓰이고 있다. 그러나

---

8) 심재기,『근대국어의 어휘체계에 대하여』(『국어학의 새로운 인식과 전개』 p.81,
　서울대학교 대학원 국어연구회 편찬), 민음사, 1991년.

'沙果'와 '苹果'는 구별이 있다. '沙果'는 능금을 가리키는데 사과보다 작고 과일즙이 많으며 그 맛이 시다. 그러나 그것이 조선사람들에게 있어서 모두 능금나무과에 속하는 교목으로서 별로 큰 구별이 되지 않은 것 같다. 또한 이는 '沙果'가 조선어 어휘체계에서 '苹果'보다 세력이 강했다는 것을 보여주며 그러하기에 '펑과'가 '사과'에 대체되었음을 알 수가 있다. '苹果'는 사전에는 있으나 실제상 잘 쓰이지 않는다.

이 부분에서 또 하나 특기할 만한 것은 『화초1』에는 관직명을 나타내는 어휘만 해도 128개로서 『역해』와 『역해보』보다 그 수자상에서 훨씬 더 많다는 것이다. 아래에 그것을 적어보면 다음과 같다.

● 역어류해

雜職, 土官, 官御

● 역어류해보

尙書, 侍郎, 郎中, 員外郎, 主事, 總督, 提督, 巡撫, 按察使, 副政使, 知府, 知州, 知縣, 革職

● 화어류초

總督, 知州, 主事, 學士, 博士, 大使, 將軍, 統領, 都事, 軍校, 敎授, 公, 白, 侯, 太學士, 尙書, 侍郎, 內大臣, 守備, 防禦, 佐領, 中書, 知事, 男, 子, 太師, 太傅, 太保, 太學士, 左都御, 右都御使, 知府, 參議事中, 治中, 郎中, 同知, 監察御使, 洗馬, 員外郎, 司業, 經歷, 京縣, 都事, 通判, 知縣, 贊善, 侍郎, 巡撫, 布政司,府承, 通政使, 太常寺卿, 府尹, 副都御使, 按察使, 大理寺卿, 太僕寺卿, 巡街御使, 巡漕御使, 少卿, 鴻盧寺卿, 修撰, 理問, 州同, 寺正, 編修, 評事司庫, 筆帖式, 主簿, 縣丞知事, 檢討, 中書, 主判, 司務,司獄, 學正, 訓導, 司書, 吏目, 序班, 檢校, 照磨, 巡檢, 驛丞, 孔目, 典使, 領侍衛大臣, 都統, 九門提督, 總兵, 副都統, 鑾儀使, 散秩大臣, 副將, 冠軍使, 長史, 翼長, 營總, 參領, 總管, 城守尉, 司儀長, 都司, 典儀, 治儀正, 軍校, 守備, 副尉, 章京, 防禦, 守禦所千總, 整儀尉, 鋒校, 驍騎, 門千總, 翎長, 固山達,

把總, 城門吏, 藍翎長, 提塘, 差館, 前程, 欽差, 革職

이들은 지난 역사시기의 제도하에서 쓰이던 것으로서 사전에는 올라 있으나 지금은 사회제도의 변화로 말미암아 잘 쓰이지 않고 있다. 이는 비록 중국과 동일한 한자어를 사용한다고 할지라도 그것이 조선에서 통용되었던 것이 아니라 중국에 대하여 언급할 때에 사용되었던 것임을 알 수가 있다.

19세기 말, 20세기 초에 이르러서 새로운 자본주의적인 산업과 문화가 발전하게 됨에 따라 근대국어의 어휘구성에는 그에 상응한 변화로서 새로운 어휘가 많이 나타나게 된 반면에 붕괴되어가는 봉건사회와 운명을 함께 하는 낡은 어휘가 소극화되어가는 현상도 생겨나게 되었다. 하기에 봉건제도의 벼슬이름, 기관이름을 비롯하여 봉건사회에서 흔히 쓰던 일련의 어휘들이 점차 자취를 감추게 되었다.

그러나 『화초』에서 보면 이런 어휘들이 상당한 비중을 차지하고 있다. 이는 자본주의 영향이 미치기 전의 조선현실의 한 단면을 보여주는 것이라 하겠다.

2) 조선어한자어로 된 풀이어들

즉 ○ 다음에 ─이 없고 또한 표제어와 동일한 중국어가 아니라 서로 다른 한자로 적힌 부류다. 이 경우에 풀이어(한자어)에는 그 독음이 표기되지 않았다. 『역해』에는 이 부류에 속하는 단어가 약 100여 개에 달한다. 『화초1』에도 이 부류에 속하는 어휘가 약 116개로서 전체의 약 5.4%를 차지한다. 그중 일부를 적어보면 다음과 같다.

● 역어류해   ● 화어류초

天河   銀河   參兒   參星

拜年	歲拜	年終	歲末
前任	前職	光景	光陰
皇城	都城	內裏	大闕
徒弟	弟子	文官	東班
肝花	肝	腰刀	長刀
外婆	外祖母	話贈	追贈
拇指	第一指	小指	五指

　여기서 우리는 이 부류의 어휘들에서 표제어에 대응하는 조선어한자어가 표제어보다 더 일찍 조선에 유입되었음을 알 수 있다. 표제어 가운데는 그 후 조선어에 들어온 것이 일부 있고 대부분은 인입되지 않았다. 인입된 것만 일부 예로 들어보면 다음과 같은 것들이다.

- 예
  回信(答書), 前任(前職), 原職(本職), 現官(時任)
  綿羊(白羊), 腰刀(長劍), 原籍(姓本), 丈人(妻父)
  丈母(妻母), 磁器(砂器), 磁石(指南石), 大砲(大碗口) ·

3) 고유어와 중국어단어로 된 풀이어들

　이 부류에서는 하나의 조선말 풀이어에 대하여 두 개 이상의 중국어 동의어들이 대응되는 셈이다. 『역해』에서는 ○ 다음에 上仝이라 적은 부류의 어휘들이고 『화초1』에서는 ○ 다음에 고유어와 중국어를 오른켠과 왼켠에 각각 적은 부류의 어휘들이다. 이 경우에 풀이어 중국어에 한하여 중국음을 표기해 놓았다.

　이 부류의 어휘들을 통하여 우리는 조선사람들이 중국어를 습득하고 구사함에 있어서 동의어를 많이 알고 있을 것이 요긴했음을 알 수 있으며 또한 조선어에 대응하여 두 개 이상의 중국어가 존재한다는 것은 한자어로 유입될 수 있는 자원이 그만큼 풍부했다는 것을 말해준다.

『역해』에서는 이 부류에 속하는 어휘가 568개에 달하고『화초1』에서
는 약 59개로서 약 2.7%를 차지한다.

● 역어류해

日頭 ○ 히	太陽 ○ 上소
日暈: ○ 히ㅅ모로	日圈 ○ 上소
雷打了 ○ 별악티다	雷震 ○ 上소

● 화어류초

日頭(히 太퇴陽양)	日暈(히ㅅ모로 日이圈쳔)
打雷(우뤼ᄒ다 天텬鼓구)	坐殿(뎐좌ᄒ시다 陞승殿뎐)
中堂(졍승 閣거老롸)	師傅(스승 坐조館관)
念書(글외오다 背븨念년)	上屋(몸치 正징房방)
馬房(물오양 馬마圈쳔)	正娘子(안히 大다娘냥子즈)
大便(큰물 拉라屎시)	出苗(엄나다 發바芽야)
玉米(강낭이 包봐米미)	酒壺(술병 酒쥐甁핑)
裁衣裳(옷마르다 裁재料롸)	

이 부류에 속하는 어휘들에서 어떤 것은 현대에 이르러 조선어 어휘
체계 속에 자리잡았으나 어떤 것은 그냥 그대로 중국어 어휘에 머물러
있다. 위에서 예든 '日頭'와 '太陽'을 놓고 보더라도 '太陽'은 현대조선
어 어휘체계에서 튼튼히 발을 붙이고 있으나 '日頭'는 지금도 인입되지
않았다.

4) 순 고유어 혹은 고유어설명구로 된 풀이어들

이 부류에 속하는 고유어와 고유어 설명구는 약 1427여 개로서 전체
의 약 66.4%를 차지한다. 아래에 그 중의 일부를 적어보면 다음과 같다.

月亮(둘 붉다) 19)

虹橋(므지게) 1

流星(쏘아가는별) 1

暴雨(쇠나기) 2

天旱(ᄀᄆ다) 2

天淸(하늘 붉다) 2

今日(오늘) 3

害冷(치위 ᄐ다) 5

暖和(ᄃ스다) 5

弓背路(도ᄂ길) 6

大道(큰길) 6

盖房(집짓다) 24

釣魚(고기낙다) 29

大漢子(킈큰놈) 35

身腰(허리) 42

小腿(죵아리) 43

媒人(듕민) 49

裙子(치마) 54

水酒(무술) 58

打糕(친쩍) 59

苦(쓰다) 61

淡(슴겁다) 61

膏藥(고은약)

種火(불ᄆ다) 62

小姑(아ᄋ쇠누이) 66

妹子(아ᄋ누이) 66

請茱(안쥬자오) 68

不得命(죽다) 71

絞死(목자르다) 76

上用的(나라의셔쓸 것) 80

등등이다.

이 부류에 속하는 어휘에 대응하는 표제어들 속에는 현대조선어에서 매우 친숙하게 사용되는 한자어들도 있다. 그러나 근대조선어후기에는 어느 정도 설명이 필요할 만큼 생소한 단어들도 있었으리라고 생각된다.

'쇠나기', 'ᄃ스다', '큰길' 등이 『역해』에서는 '驟雨', '溫和', '大路' 등과 같이 되어 있다. 『화초1』에 이르러서는 이런 단어들과 동의어관계를 나타내는 '暴雨', '暖和', '大道' 등과 같은 단어들이 표제어로 쓰이고 있다. 이는 후자보다도 전자가 먼저 조선어에 유입되었음을 보여준다.

그리고 여기에서 재미있는 것은 '流星'이란 단어이다. 『역해』에서 이 단어는 '쏘아가는별'이란 풀이를 갖고 있었다. 그런데 200년이 지난 후에 편찬된 『화초1』에 이르러서도 의연히 '쏘아가는별'이라는 풀이를 지니고 있다. 이는 '류성'이라는 한자어가 17세기 당대뿐만 아니라 19세기 말에 이르러서도 의연히 세력을 얻지 못했음을 말해준다. 즉 '류성'이라

9) 단어 뒤의 숫자는 『화초1』의 페이지 수다.

는 한자어는 19세기 말 이후에 조선어 어휘체계 속에 자리를 잡았음을
알 수가 있다.

5) 한자어와 고유어가 섞인 풀이어들

예를 들면 ○ 다음에 '伏兵ᄒ다'처럼 된 것들이다. 이 부류에 속하는
어휘는 153개로서 전체의 약 7.1%를 차지한다.

元宵 ○ 正月보롬	正門 ○ 가온딧門
上朝 ○ 朝會가다	抄文書 ○ 文書빠너다
糊窓 ○ 窓ᄇᄅ다	扶罵 ○ 辱먹다
決案 ○ 公事ᄆᆺ다	

풀이어들에서의 한자어들은 그 대대분이 조선어 어휘체계 속에 자리
잡고 있는 것들이다.

6) '표제어 + ᄒ다 혹 문' 형식으로 된 풀이어들

예를 들면 ○ 다음에 '－ᄒ다[hɐta]'처럼 된 것들이다. 이 부류에 속하
는 어휘는 24개로서 전체의 약 1.1%를 차지한다. 그중 일부를 적어보면
다음과 같다.

革職 ○ －ᄒ다[hɐta]	八雲 ○ －문[mun]
裝藥 ○ －ᄒ다[hɐta]	鱗蝶 ○ －문[mun]
開倉 ○ －ᄒ다[hɐta]	梅蘭 ○ －문[mun]
念仏 ○ －ᄒ다[hɐta]	七宝 ○ －문[mun]
合掌 ○ －ᄒ다[hɐta]	純鱗 ○ －문[mun]

2. 외래어에 대한 검토

『화초1』에는 다른 언어로부터 음차하여 받아들인 단어들도 있다.

1) 한어 차용어

한어로부터 음차된 단어들은 그 차용방법에서 몇 개 유형으로 분류할
수 있다. 한어단어의 형태소가 전부 음차될 수도 있고 일부가 음차될 수
도 있다. 본 논문에서는 이는 논하지 않고 차용어의 연혁에 따라 아래와
같은 세 가지로 분류하려 한다.

(1) 현대까지 의연히 쓰이는 것

김치 < 침치 < 醃菜(沈菜)[tsʻiəmtsʻai] 60
배추 < 비치 < 白菜[paitsʻai] 93
편수 < 변시 < 匾食[piɛnsï] 60
스란(치마) < 스란 < 膝欄[silan] 85

(2) 『화초1』이후 시기 조선어한자음으로 바뀐 것

법랑 < 파란 < 法琅[falaŋ] 81
파리 < 보리 < 玻璃[poli] 81
~화 < 훠 < 靴[huə] 54
장 < 쟝 < 醬[tsiaŋ][10) 78

(3) 고유어 혹은 새로운 한자어로 바뀐 것

솔 < 사자 < 刷子 97
갈포(葛布) < 주사 < 紬絲 87

---

10) 이 단어는 이중성차용어이다. 이런 단어의 조선어독음과 근고한어어음이 일치하
기 때문이다. 상세한 내용은 『한글』 잡지 215를 참조하라.

가게(假家) < 푸즈 < 鋪子 77

현대에 이르러 '김치', '배추', '편수' 등과 같은 단어들은 우리들에게
고유어처럼 아주 친절하게 느껴지는 단어들이다. 이 부류의 어휘들은
오랜 세월 조선어에 침투되어 사용되는 가운데서 우리의 언어의식상 한
어 어휘라고 인식되지 않을 정도로 굳어져 조선어 어휘체계 속에서 드
틸 수 없는 성원으로 된 것들이다. 이러한 것들은 이미 한자와 연계되지
않아 현대의식으로서는 그것이 한어로부터 온 것이라고 도저히 생각할
수 없는 것들이다. 『화초1』에서의 '침치', '비치', '변시' 등과 같은 단어
들은 이런 단어들의 기원을 밝혀주는데 있어서 큰 도움이 된다.

2) 몽고어 차용어

'매'와 '말' 이름에 관한 단어들과 같이 몽고어로부터 받아들인 것도
있다.

- 말

즈류마(棗騮馬keire) 107   츄마말(灰馬chamorm) 107
어룽말(花馬alha) 107   잠불말(白臉馬) 108
스족빅(四明馬seberi) 107

- 매

갈지게(黃鷹) 106   쇼로기(鷄鷹) 107

3) 기타 차용어

화낭(花娘) 37   사돈(50)
담배(78)

'화냥(화냥년)' : 이 단어의 어원을 해석하는 데는 다섯 가지 견해가 있다. 첫째는 한어 '豢養(환양)'으로부터 왔다는 설이고 둘째는 한어 '幻爺(환야)'로부터 왔다는 설이며 셋째로는 한자말 '還陽(환양)'으로부터 왔다는 설이고 넷째는 만주어 'hayan'으로부터 왔다는 설이며 다섯째는 한자말 '花娘(화랑)'으로부터 왔다는 설이다. 한진건 선생은 앞의 네 가지 설에 대해서 수긍할 수 없고 다섯째 한자말 '花娘'으로부터 유래한 것이라 주장하고 있다. 그는 '花娘'이라는 단어는 '화랑'으로 발음되다가 어음이 변하여 나중에 '화냥'으로 쓰이게 되었다고 보면서 '花娘'은 중국 당나라 시인 맹호연의 시집 『철경록(輟耕錄)』에서 맨 처음 나타나고 그후 당나라 시인 리하가 쓴 글의 서문, 송나라 매요신의 글에서도 나타나는데 '花娘'이란 바로 노래하고 춤추는 기생인데 구조적으로 보나 의미적으로 볼 때 '화냥'은 한어의 '花娘'을 받아들인 것이 분명하다고 주장하고 있다.[11]

『화초1』에서 보면 '花娘'에 대응하는 표제어는 '養漢的'이다. 이로부터 미루어보아도 '남자를 기르는 여자'의 뜻, 다시 말하면 '기생'의 뜻으로 해석할 수 있다.

필자도 이 견해에 따르기로 한다.

그리고 '사돈(sadun)'[12]을 류창돈 교수는 『어휘사연구』에서 만주어로부터의 차용어로 보고 있다[13].

이밖에도 '야미(啞口迷)46', '담비(煙)'[14] 등이 보인다.

'야미'라는 단어는 현대조선어에서는 암거래가 성행하는 '암시장'을 가리키는 '야미시장'의 말로만 쓰이고 있다. 그리고 이 '야미시장'은 일본어 '야미(ヤミ·闇)'를 받아들인 것으로 알고 있다. '야미'는 『화초1』에

---

11) 한진건, 『조선말의 어원을 찾아서』, p.209 참조, 연변인민출판사, 1990년.
12) 胡增益, 『新滿漢大辭典』, p.618, 新疆人民出版社, 1994年.
13) 류창돈, 『어휘사연구』, p.99, 이우출판사, 1978년.
14) 리득춘, 『조선어어휘사』, p.398, 연변대학출판사, 1988년.

서 '賣買'에 나타나는 것이 아니라 '氣息.'에서 나타난다. 그렇다면 이 '야미'가 근대중국어에서 은어를 뜻하는 '야미'와 무관한 것인지 자못 흥미로운 의문을 일으킨다.15) 이 '야미'가 일본어인가 아니면 중국어인 가는 더 깊은 연구가 필요된다고 보아진다.

'담배'는 문헌상 18세기부터 보인다.

• 담비(煙)(『동문류해』 상 61)
• 南草 담비(『류씨물명고』 三 초)
• 南草曰 담바(『동언고략』)

'담비'는 임진전쟁 후 일본을 통하여 받아들인 포르투갈어이다. 일본 에서 '다바꼬'라 하는데 조선어에도 '담바고타령'이란 말이 있는 것은 그 유사성을 보여준다.

지금까지 『화초1』에 나오는 중국어표제어를 대역한 조선어풀이어를 고찰하였다. 아울러 중국어가 근대조선어에 끼친 영향을 살펴봄으로써 근대조선말의 어휘체계도 알아보았다.

이상에서 보다시피 『화초1』은 고유어와 한자어 이 두 큰 체계를 기초 로 하고 있다. 외래어도 있기는 하나 그 수효가 많지 않다.

대체로 19세기 말의 언어현실을 반영하고 있는 『화초1』의 중국어단 어는 모두 2278개인데 그중 적지 않은 수(약 26.4%로 좌우)의 단어가 일 면으로는 조선한자음(예를 들면 日触, 來月, 秀才, 亭子 등)으로 또 다른 일면 으로는 개조된 외래어(김치, 배추 등)로 조선어의 어휘체계에 유입되었음 을 알아보았다. 특히 관직명만 놓고 보아도 『역해』에서는 3개, 『역해보』 에서는 14개 정도인데 『화초1』에 이르러서는 126개로 부쩍 늘어났다. 이를 통하여 근대조선어시기에 중국어가 의연히 강유력한 외래어의 자 원이었음을 알 수가 있다.

---

15) 심재기, 『근대국어의 어휘체계』(『국어학의 새로운 인식과 전개』, 서울대 대학원 국어연구회 편찬), 민음사, 1991년.

그러나 우리는 『화초1』에서 19세기 말 조선어 어휘체계에 반영된 계몽사상을 보여주는 단어들을 거의 찾아볼 수 없다.

주지하다시피 19세기 말 중국에서 일어난 자산계급개량주의 운동의 영향을 입어 조선에서는 개화파들에 의한 일련의 부르주아운동이 일어났다. 당시에 청나라 개량주의자들은 '자강', '양무', '개화' 등등의 어휘들을 많이 썼다. 이러한 단어들은 즉각 조선에 수입되어 사용되었고 또 그것들에 의한 합성어, 파생어들이 육속 나타나게 되었다. 이때에도 새 한자어가 중국으로부터 들어오기 시작했다. 그런데 『화초1』에서는 이런 계몽사상을 보여주는 어휘들을 거의 찾아볼 수가 없다. '洋貨'(78), '양물(洋靛)'(88) 두 개만이 나타날 뿐이다.

그리고 이 운동의 실패에 뒤따르는 일본의 침략으로 하여 일본한자어가 중요한 자리를 차지하게 된다. 그러나 『화초1』에는 자본주의 관계를 반영하는 사회경제용어와 과학용어, 정치와 제도에 관계되는 단어들이 나타나지 않는다. 이는 『화초1』이 처한 시대에 일본한자어가 아직 우세를 차지하지 못하고 중국어기원의 단어가 의연히 강유력한 우세를 차지하고 있었다는 것을 보여준다. 또한 19세기 말 조선왕조의 주권이 날로 상실되어 가고 광범위한 문화계몽운동이 전개되던 시기에 아직도 한자, 한문의 낡은 틀에서 철저히 벗어나지 못한 편자의 락오사상도 어느 정도로 보아낼 수 있다.

Ⅲ. 『화어류초』의 어휘변화 연구

어휘는 역사의 대하 속에서 정치, 경제의 변화에 대해서만 민감한 것이 아니라 생산, 문화 및 일상생활의 각 방면의 변화에 대해서도 마찬가지로 민감하다. 그러나 기본어휘만은 생명력이 아주 강한바 오랜 시기를 내려오면서 견인성 있게 보존되고 있으며 문법의 구조와 함께 언어의 통일성과 온정성, 전민성, 민족성을 체현한다. 이런 기본어휘들은 온정하게 발달해오면서 그 음절구성에 일정한 변화를 입어 왔다. 다시 말하면 그 기본어간은 변하지 않고 외형에 있어서 변화를 입어온 것이다.

본 장에서는 『화초1』에 수록된 표제어에 대응하는 모든 조선어 어휘를 1400여 개를 수집, 정리하여 분석, 분류대상으로 하고 그것의 보충으로 『역해』, 『한청』, 『화초2』, 그리고 현대어도 대응시켜 연구하기로 한다.

어휘변화에서는 외형변화와 어휘교체 두 가지로 나누어 고찰하려 한다.

1. 외형변화

어휘외형의 변화에는 음절의 증감에 의한 변화와 음절구성내부의 음운의 변화가 있다.

1) 음절의 확대와 축소에 의한 외형변화

(1) 음절의 확대에 의한 외형변화

① 『화초1』에 이르러 음절이 확대된 어휘

『화초1』에 이르러 음절이 확대된 어휘는 17개다.

- 고은약(중세) → 고은약127[16](역해) → 膏藥257a[17](한청) → 고은약7
  2[18]
- 나나리(중세) → 나나리벌114(화초1)
- 나나벌(중세) → 나나리벌114(화초1)
- 디룡이(중세) → 디룡이211(역해) → 디룡449b(한청) → 지룡이112(화초1)
- 디룡(중세) → 디룡이211(역해) → 디룡449b(한청) → 지룡이112.(화초1)
- 피(중세) → 피159(역해) → 피389c(한청) → 피빨92(화초1)
- 낫다(중세) → 낫다258c(한청) → 나흐다72(화초1)
- 놉흐다(중세) → 놉다27a(한청) → 노프다33(화초1)
- 물다(중세) → 물다99(역해) → 물오다57(화초1)
- 메다(중세) → 머이다134(역해) → 메다370d(한청) → 머이다75(화초1)
- 뫼츠라기(중세) → 뫼츠라기195(역해) → 뫼초리305d(한청) → 묏쵸러기107(화초1)
- 소니활(중세) → 소뇌123d(한청) → 소니활27(화초1)
- 초가(중세) → 초개집34(역해) → 초가362d(한청) → 초개집23(화초1)
- 쏨도야기(중세) → 쏨쏘야기125(역해) → 쌈쐬219c(한청) → 쏨쏘야기70(화초1)
- 촛조빨(중세) → 촛조빨159(역해) → 촛조389d(한청) → 촛조쏠92(화초1)
- 헴(중세) → 헴105c(한청) → 혜음73(화초1)

---

16) 단어 뒤의 숫자는 『역해』의 페이지 수이다.
17) 첫 번째 숫자는 『한청』의 페이지 수이고 a, b는 웃쪽의 오른쪽, 왼쪽이고 c, d는 아래쪽의 오른쪽과 왼쪽이다.
18) 단어 뒤의 숫자는 『화초1』의 페이지 수이다.

• 빌다(중세) → 빌다177c(한청) → 빌으다44(화초1)

여기서 '나나리벌'은 '나나리'와 '벌', '피뿔'은 '피'와 '뿔', '소늬활'
은 '소늬'와 '활'의 결합으로 이루어졌다. 즉 서로 다른 두 어근의 합성
으로 하여 확대된 것이다. '쏨쏘야기'는 '쏨쐬'와 '아기', '혜음'은 '혜'와
'음'의 결합으로 이루어졌다. 즉 접미사의 첨가에 의하여 확대된 것이다.
'초개집, 지룡이, 츠조쌀'은 중세조선어시기에 쓰이던 것이 『역해』 혹은
『한청』에 이르러 축소되었다가『화초1』에 와서 다시 쓰이는 것들이다.

② 『화초2』에 이르러 음절이 확대된 어휘

『화초2』에 이르러 음절이 확대된 어휘는 4개밖에 되지 않는다.

• 눈어엿(중세) → 눈어엿66(역해) → 눈어엿146b(한청) → 눈어엿40(화
  초1) → 눈언저리10z[19](화초2)
• ᄂᆞᄅᆞ(중세) → ᄂᆞᄅᆞ15(역해) → ᄂᆞᄅᆞ263d(한청) → ᄂᆞᄅᆞ7(화초1) → 나
  로기2z(화초2)
• 져(중세) → 져96(화초1) → 져가락23z(화초2)
• ᄃᆞᅀᆞᄒᆞ다(중세) → ᄃᆞᄉᆞ다1(역해) → ᄃᆞᄉᆞᄒᆞ다8(한청) → ᄃᆞᄉᆞ다5(화초
  1)→ ᄃᆞᄉᆞ롭다2y(화초2)

여기서 '눈언저리'는 '눈'과 '언저리', '나로기'는 'ᄂᆞᄅᆞ'와 '가', '져가
락'은 '져'와 '가락'의 결합으로 이루어졌다. 이 세 개 단어는 모두 어근
의 합성법에 의하여 이루어진 것으로서 『화초1』에 이르기까지는 '눈어
엿', '나로', '져'로 쓰이던 것들이다.

③ 현대에 이르러 음절이 확대된 어휘

현대에 이르러 음절이 확대된 어휘는 31[20]개다.

---

19) 단어 뒤의 숫자는『화초2』의 페이지 수이고 z는 왼쪽 페이지, y는 오른쪽 페이지
   를 가리킨다.
20) 부록을 참조하라.

그 중 일부를 적어보면 다음과 같다.

- 고기(중세) → 고기371d(한청) → 고기]29(화초1) → 고기z(화초2) → 물고기(현대)
- 괴(중세) → 괴206(역해) → 괴430d(한청) → 괴110(화초1) → 괴26z(화초2) → 고양이(현대)
- ᄂᆞᆽ갗(중세) → ᄂᆞᆽ갗68(역해) → ᄂᆞᆽ가족231d(한청) → ᄂᆞᆽ갗40(화초1) → ᄂᆞᆽ갗10z(화초2) → 낯가죽(현대)
- 도랏(중세) → 도랏165(역해) → 도랏94(화초1) → 도랏23y(화초2) → 도라지(현대)
- 보(중세) → 보156(역해) → 보십294d(한청) → 보90(화초1) → 보22y(화초2) → 보습(현대)
- 숡(중세) → 숡208(역해) → 숡427b(한청) → 삵111(화초1) → 삵26z(화초2) → 삵괭이(현대)

이상에서 나타나는 어휘는 접미사가 보충되어 확대된 어휘, 일부 음절들이 보충되어 확대된 어휘, 어근들이 합성되어 확대된 어휘들이다. 음절의 확대에서 이러한 수단은 조선어단어조성법의 두 가지 기본수단인 접사법과 어근합성법과 어울린다. 역사적으로 내려오면서 조선어에서는 전통적으로 주요하게 어근합성법과 접사법에 의하여 어휘를 풍부히 하고 발전시켜 왔다. 음절이 확대된 어휘들을 보면 모두 그 기본어근에 큰 파괴를 주지 않고 음절이 보충되어 확대되었는바 이는 개념을 나타내는 단어들의 뜻을 분명히 하여 그 표현성을 강화하려는 의미적 측면에서의 개념의 명확성을 시도한 결과라고 할 수 있다.

(2) 음절의 죽소에 의한 외형변화

① 『화초1』에 이르러 음절이 축소된 어휘

『화초1』에 이르러 음절이 축소된 어휘는 9개다.

- 보(중세) → 보156(역해) → 보십294d(한청) → 보90(화초1)
- 양치ᄒ다(중세) → 양치ᄒ다96(역해) → 양치질ᄒ다337b(한청) → 양치ᄒ다56(화초1)
- 양치질ᄒ다(중세) → 양치ᄒ다96(역해) → 양치질ᄒ다337b(한청) → 양치ᄒ다56(화초1)
- 눗갓(중세) → 눗갓68(역해) → 눗가족231d(한청) → 눗갓40(화초1)
- ᄃᄉᄒ다(중세) → ᄃᄉ다1(역해) → ᄃᄉᄒ다8(한청) → ᄃᄉ다5(화초1)
- 올ᄒ(중세) → 올8(역해) → 올희18(한청) → 올4(화초1)
- 잡히이다(중세) → 잡히이다208b(한청) → 잡히다76(화초1)
- 달라ᄒ다(중세) → 달라ᄒ다174b(한청) → 달ᄂ다80(화초1)
- 둔박ᄒ다(중세) → 둔짝ᄒ다155a(한청) → 둔ᄒ다35(화초1)

여기서 '보, 양치ᄒ다, 눗갓, 올'은 중세조선어시기에도 쓰였다가 그것이 『역해』 혹은 『한청』에 이르러 그 음절이 확대되었고 또 『화초1』에 이르러 다시 축소된 것이다. 그리고 '잡히다'는 '잡히이다'에서 '이'가 탈락됨으로 하여 그 음절이 축소된 것이다.

② 『화초2』에 이르러 음절이 축소된 어휘

『화초2』에 이르러 음절이 축소된 어휘는 13개다.

- 긴희ᄲᅵ(중세) → 긴희ᄲᅵ38(화초1) → 긴ᄲᅵ10y(화초2)
- 거ᄋ지(중세) → 거어지61(역해) → 거ᄋ지139b(한청) → 거어지37(화초1) → 거지9z(화초2)
- 닛므음(중세) → 니ᄉ므음68(역해) → 니ᄉ무음147b(한청) → 니ᄉ므음41(화초1) → 니몸10z(화초2)
- 다리우리(중세) → 다리오리(하15)(역해) → 다리우리311b(한청) → 다리오리97(화초1) → 다루리23z(화초2)
- 몰다(중세) → 몰다99(역해) → 몰오다57(화초1) → 몰다14z(화초2)
- 브리우다(중세) → 브리오다44(역해) → 부리오다439a(한청) → 브리오다27(화초1) → 부리다7y(화초2)
- 밥거어지37(화초1) → 밥거지9z(화초2)

- 손범아귀(중세) → 손범아귀70(역해) → 손범아귀42(화초1) → 손아귀11y(화초2)
- 실ᄭᅩᆷ147(역해) → 실ᄭᅩᆷ83(화초1) → 실ᄭᅵᆷ20z(화초2)
- 싸홀다(중세) → 싸흐다127(역해) → 싸흐다374b(한청) → 싸흐다71(화초1) → 썰다17z(화초2)
- 하픠음(중세) → 하픠음76(역해) → 하픠음205b(한청) → 하픠음45(화초1) → 하픔11z(화초2)
- 호로리바람(중세) → 호로래ᄇ람(역해) → 호로리ᄇ람15(한청) → 호로리ᄇ람2(화초1) → 호리ᄇ람1y(화초2)
- ᄭᅵ이다(중세) → ᄭᅵ이다358d(한청) → ᄭᅵ우다54(화초1) → ᄭᅵ다13z(화초2)

여기서 '몰다'는 『화초1』에 이르러 '몰오다'로 확대되었다가 『화초2』에 이르러 축소된 것이다. 그리고 그 밖의 단어들은 대부분 음절의 탈락에 의하여 그 음절이 축소된 것이다.

③ 현대에 이르러 음절이 축소된 어휘

현대에 이르러 음절이 축소된 어휘는 41[21]개다. 그 가운데의 일부를 적어보면 다음과 같다.

- 가야미(중세) → 개야미213(역해) → 가야미449d(한청) → 긔야미113(화초1) → 긔야미27y(화초2) → 개미(현대)
- 고은약(중세) → 고은약127(역해) → 膏藥257a(한청) → 고은약72(화초1) → 고은약17z(화초2) → 고약(현대)
- 기ᄅ마(중세) → 기ᄅ마48(역해) → 기ᄅ마438c(한청) → 기ᄅᄆ29(화초1) → 기ᄅᄆ7z(화초2) → 길마(현대)
- 도마ᄇ얌(중세) → 도마비얌214(역해) → 도마ᄇ얌449a(한청) → 도마비얌113(화초1) → 도마비얌27y(화초2) → 도마뱀(현대)
- 뫼추라기(중세) → 뫼추라기195(역해) → 뫼초리305d(한청) → 묏쵸리기107(화초1) → 묏쵸리기26y(화초2) → 메추리(현대)

---

21) 부록을 참조하라.

- 므얌이(중세) → 므얌이210(역해) → 미얌이448c(한청)
  마얌이112(화초1) → 마얌이27y(화초2) → 매미(현대)
- 몰똥구우리(중세) → 몰똥구우리210(역해) → 몰똥구을이448c(한청)
  → 몰똥구으리114(화초1) → 몰똥구으리27z(화초2) → 말똥구리(현대)
- 버들개야지(중세) → 버들개아지404d(한청) → 버들기야지118(화초1)
  → 버들기아지28y(화초2) → 버들개지(현대)
- 버히다(중세) → 버히다110(역해) → 버히다69d(한청) → 버히다(화초
  1) → 버히다(화초2) → 베다(현대)
- 복쇼아뼈(중세) → 복쇼아뼈73(역해) → 복쇼아뼈149d(한청) → 복쇼
  아뼈43(화초1) → 복쇼아뼈11y(화초2) → 복사뼈(현대)
- 빈얌(중세) → 빈얌210(역해) → ㅂ얌443d(한청) → 빈얌114(화초1) →
  빈얌27z(화초2) → 뱀(현대)
- 소옴(중세) → 소옴152(역해) → 소옴322c(한청) → 소옴89(화초1) →
  소옴22y(화초2) → 솜(현대)
- 시므다(중세) → 시므다157(역해) → 시무다293b(한청) → 시무다91
  (화초1) → 심우다22y(화초2) → 심다(현대)

이상에서 나타나는 어휘들은 음운의 역사적 변화에 동반하여 모음의 축약 또는 탈락에 의하여 변한 것들이다. 이러한 음절의 축소는 발음을 쉽게 하여 노력을 적게 들이려는 인간들의 경제의식이 작용한 결과라고 할 수 있다.

음절수의 확대와 축소에 의한 외형의 변화는 고대로부터 존재한 것으로서 근대조선어에만 있은 독특한 현상은 아니었다.

어휘외형의 변화에서 보면 음절의 축소가 기본경향으로 나타난다. 그러나 어휘외형의 확대와 축소현상은 서로 변증법적 관계에 놓여있기 때문에 음절확대현상도 간단없이 진행되고 있다는 것을 무시할 수 없다.

위에서 보다시피 『화초1』에서는 음절의 증가가 17개고 음절의 축소가 9개로서 증가가 약간 우세를 차지한다. 그러나 접사를 보충하거나 단어를 합성하지 않고 순 원 어휘로서 증가된 것은 거의 없다.

그리고 여기에서 한가지 재미있는 문제는 『역해』에서 쓰이던 어휘가

『한청』에 이르러 확대되거나 축소되었다가 『화초』에 와서는 다시 『역해』시기로 돌아가고 현대에 이르러 다시 확대되거나 축소된 어휘들이다.

이것은 어느 한 단어가 그 음절이 어느 한 시기에 와서 확대 혹은 축소되었다면 그 후시기에 가서도 변하지 않는 것이 아니라 변할 수 있다는 것을 설명하여준다.

2) 음운구성의 변화로 인한 어휘외형변화

조선어에서 음절수는 변화되지 않았으나 그 내부음운구성이 변화된 어휘들도 많다. 이 부류의 어휘들은 크게 자음이 변화된 어휘와 모음이 변화된 어휘 그리고 자음과 모음이 동시에 변화된 어휘 등 세 가지로 나눌 수 있다. 본 논문에서는 앞의 두 가지 경우만 다루려 한다. 어휘외형의 변화는 표기법과 음운의 변화와 밀접한 관계 속에 있다. 표기법은 인위적이기는 하지만 그것은 어휘외형의 변화에 일정한 작용을 놀며 음운의 변화는 직접적인 작용을 논다고 해도 과언이 아닐 것이다. 역사적인 연구에 있어 문헌어를 대상으로 할 때 문자와 음운관계는 상호대응관계를 가진다.

(1) 자음의 변화로 인한 어휘외형변화

자음의 변화에서는 주로 된소리로 인하여 변한 어휘, 구개음화로 인하여 변한 어휘, 받침의 변화로 인하여 변한 어휘만 논하려 한다. 그리고 그외 변화는 모음의 변화에 넣고 논하려 한다.

① 된소리 변화로 인한 어휘외형변화

여기에는 합용병서가 변화됨으로 하여 그 외형이 변한 것과 일부 순환소리가 현대에 이르러 된소리로 바뀜으로 하여 그 외형이 변한 어휘가 있다.

가. 합용병서의 변화로 인한 어휘외형변화

『화초1』에서는 된소리가 자립적인 음운의 자격으로 이미 자음구성에 들어갔음에도 불구하고[22] 이른바 'ㅅ' 계열(ㅺ, ㅼ, ㅆ, ㅽ)과 'ㅂ' 계열(ㅲ, ㅄ, ㅶ, ㅳ)의 합용병서[23]가 쓰이고 있다. 아래에 일부[24]를 적어보면 다음과 같다.

- ᄭᅵ다49(역해) → ᄭᅵ다29(화초1) → ᄭᅵ다7z(화초2) → 끼다(현대)
- ᄯᅥᆨ103(역해) → ᄯᅥᆨ379c(한청) → ᄯᅥᆨ60(화초1) → ᄯᅥᆨ15y(화초2) → 떡(현대)
- ᄲᅩᆼ나모225(역해) → ᄲᅩᆼ나모401b(한청) → ᄲᅩᆼ나모118(화초1) → ᄲᅩᆼ나모28z(화초2) → 뽕나무(현대)
- ᄶᅡ다331c(한청) → ᄶᅡ다88(화초1) → ᄶᅡ다21z(화초2) → 짜다(현대)

■ ■ ■ 이상 'ㅅ'계

- ᄞᅵᆫ묵105(역해) → ᄭᅢ목390c(한청) → ᄞᅵᆫ목61(화초1) → ᄞᅵᆫ목15z(화초2) → 깸묵(현대)
- ᄠᅳᆷ124(역해) → ᄯᅳᆷ257c(한청) → ᄠᅳᆷ70(화초1) → ᄠᅳᆷ17z(화초2) → 뜸(현대)
- ᄡᅩ다42(역해) → 쏘다450b(한청) → ᄡᅩ다26(화초1) → ᄡᅩ다7z(화초2) → 쏘다(현대)
- ᄧᅡ다75(역해) → ᄶᅡ다386c(한청) → ᄧᅡ다61(화초1) → ᄧᅡ다26z(화초2) → 짜다(현대)

■ ■ ■ 이상 'ㅂ'계

---

22) 『조선어발달사』, p.657, 연변대학조문계연구반번인, 1980년.

23) 지금 학계에는 'ㅅ'계 합용병서는 된소리의 표기이고 'ㅂ'계는 표기 그대로의 자음군의 표기라는 설(리기문)과 모두 문자 그대로의 자음군의 표기라는 설(허웅)이 있다. 그리고 'ㅅ'계 어두자음군은 15세기에 와서 어두된소리로 변하여 가고 'ㅂ'계 어두자음군은 1527년에 간행된 최세진의 『훈몽자회』를 고비로 그 어두자음표기의식이 무너져 나중에 경음부호로 인식된 것이라 하는 학자(서정범)들도 있다.

24) 부록을 참조하라.

위에서 보다시피 'ㅅ'계 합용병서와 'ㅂ'계 합용병서는 『역해』에서는 다 쓰이나 『한청』에 이르러서는 'ㅂ'계의 거의 모두가 'ㅅ'계로 통일되는 경향이 아주 뚜렷해진다. 이는 음가의 변천을 나타내는 것이 아니라 조선어에서 된소리표기가 'ㅅ'(『한청』에서는 'ㅺ', 'ㅼ'만이 나타남)계로 통일되어감을 시사해주는 것으로서 표기법의 정비로 평가되어야 할 것이다.[25]

그러나 『화초1』과 『화초2』에 이르러서는 『한청』에 이르러 'ㅅ'계로 통일되어 쓰이던 'ㅂ'계 합용병서가 다시 나타나 쓰이기 시작한다. 그러나 우세를 차지하지 못하고 'ㅅ'계 합용병서가 의연히 우세를 차지하고 있다. 『화초1』과 『화초2』에서의 'ㅅ'계 합용병서는 『역해』에서부터 시작하여 쓰이던 것이 계속 쓰이는 것과 『역해』에서의 'ㅂ'계 합용병서가 『한청』에 이르러 'ㅅ'계로 변한 것이 그대로 쓰이는 것들이다.

그리고 『화초1』과 거의 같은 시기에 묶어진 『예슈성교젼셔』(1887년)[26] 에서는 일률적으로 'ㅅ'계 합용병서만 쓰고 있다.

이런 현상은 'ㅅ'계 합용병서와 'ㅂ'계 합용병서에서 'ㅂ'계가 'ㅅ'계로 통일되는 경향을 보여주는 것인데 이런 통일은 두 개 단계를 거치고 있음을 시사해준다.

즉 다시 말하면 'ㅅ'로의 통일은 한번은 18세기에 이미 있었고 다른 한번은 19세기후반에 와서도 있었음을 말하여준다. 그 차이라면 18세기 후반기에 그 통일의 경향이 19세기보다 강했다는 것이다.

『화초1』과 『화초2』에는 'ㅅ'와 'ㅂ'가 혼용된 예들도 나타난다.

쑬(화초1 91)   뿔(화초1 30)
쑬(화초2 22z)   뿔(화초2 8y)

---

25) 오영란, 『경음의 국어사적 연구』, 한신문화사, 1988년.
26) 최태영, 『초기번역성서연구』(『국어학의 새로운 인식과 전개』, p.174 서울대학교 대학원 국어연구회 편찬), 민음사, 1991년.

쑥(화초1 93)   뿍(화초1 117)
쑥(화초2 22z)   뿍(화초2 28y)

이런 예들은 17세기 후기에『노걸대언해』(1670),『첩해신어』(1676),『박
통사언해』(1677)에서도 나타났다.

써나셔 5 : 11   뼈나셔 5 : 3
뼈 5 : 9   써 5 : 26(첩해신어)

그리고『화초1』과『화초2』에는 '빼', '써'27) 등 된소리표기도 약간씩
나타난다.

쌀, 발쏘개, 싸호다, 쓔시다, 쓰다
써흐다, 뺀다, 복쇼아뼈

이것들은 물론『역해』로부터 쓰이던 것이다.

나. 순한소리가 된소리로 바뀜으로 하여 변한 어휘외형변화

『화초1』에는 순한소리가 된소리로 바뀜으로 하여 외형이 변한 어휘는
없다. 그리고『화초2』에도 두 개밖에 없다.

쬣고리26y   씻다14y

여기에서 '쬣고리'는『역해』에서는 '괫고리195', 그러다가『한청』에
이르러서는 '쬣고리234a'로,『화초1』에서는 '괫고리107'로 쓰이던 것이
었다. 이런 현상은 역행동화로 인한 것으로 볼 수 있다. '쬣고리'에서
'ㅅ'의 폐쇄음화로 하여 어중의 'ㄱ'가 'ㄲ'로 되고 다음 어두의 'ㄲ'는
어중의 어두음 'ㄲ'의 역행적 영향을 받아 이루어진 것이다. 그리고 '씻

27) 최범훈,『한국어발달사』, p.132, 통문관, 1985년.

다'는『역해』,『한청』,『화초1』에서 시종 '싯다'로 쓰였던 것인데 이는
청각영상을 강조하려는 점으로부터의 행위로 하여 이루어진 것이 아닌
가 하는 생각이 든다.

그리고 현대에 이르러 된소리로 변한『화어류초』의 풀이어들을 일부
예를 들어보면 다음과 같다[28].

- 가마괴194(역해) → 가마괴196d(한청) → 가마괴107(화초1) → 가마괴
  25z(화초2) → 까마귀(현대)
- 귓도라미210(역해) → 귓도람이448d(한청) → 귓도라미114(화초1) →
  귓도라미27y(화초2) → 귀뚜람이(현대)
- 덥갈나모224(역해) → 덥갈나모117(화초1) → 덥갈나모28y(화초2) →
  떡갈나무(현대)
- 독긔176(역해) → 독긔99(화초1) → 독긔24y(화초2) → 도끼(현대)
- 말슴22(역해) → 말슴11(화초1) → 말슴3z(화초2) → 말씀(현대)
- 묏도기213(역해) → 묏독이448b(한청) → 묏도기113(화초1) → 묏도기
  27y(화초2) → 메뚜기(현대)
- 실흠187(역해) → 실흠116c(한청) → 실흠104(화초1) → 실흠25z(화초
  2) → 씨름(현대)

이상의 어휘들은 앞 음절의 어말 폐쇄음의 영향에 의해 된소리로 변
한 것과 어중초성의 역행적 영향에 의해서 그리고 청각영상을 뚜렷이
하기 위한 의식적인 행위에 의하여 어두자음이 된소리로 변한 것들이다.
어두에서의 된소리되기는 어중초성의 역행적 영향에 의한 것이고 어중
(혹은 어말)에서의 된소리되기는 앞 음절의 어말 폐쇄음의 영향에 의한
것이다. 즉 어두, 어중, 어말의 된소리화는 그 된소리로 되는 경로가 서
로 다른 것이다.

---

28) 부록을 참조하라.

② 구개음화로 인한 어휘외형변화

구개음화로 인한 어휘외형의 변화는 크게 두 가지로 나눌 수 있다.

가. 'ㄷ, ㅌ'의 구개음화로 인한 어휘외형변화

● 『화초1』에서의 구개음화로 인한 어휘외형변화[29]
  · 겹바디92(역해) → 겹바지54(화초1)
  · 죳딥161(역해) → 죳집92(화초1)
  · 모래무디217(역해) → 모래무지444c(한청) → 모리무지115(화초1)
  · 데룡이211(역해) → 디룡449b(한청) → 지룡이112(화초1)
  · 됴타51(역해) → 죠타292c(한청) → 죠타34(화초1)

● 『화초2』에서의 구개음화로 인한 어휘외형변화[30]
  · 건디다99(역해) → 건지다388b(한청) → 건디다57(화초1) → 건지다
    14z(화초2)
  · 곳티다130(역해) → 고티다34(화초1) → 고치다9y(화초2)
  · 죳딥161(역해) → 죳집(화초1) → 조집22z(화초2)
  · 모래무디217(역해) → 모래무지444c(한청) → 모리무지115(화초1) →
    모리무지27z(화초2)
  · 바티다50(역해) → 바티다30(화초1) → 바치다8y(화초2)
  · 됴타51(역해) → 죠타292c(한청) → 죠타34(화초1) → 죠타9y(화초2)

● 현대에 이르러 변한 어휘외형변화[31]
  · 경뎝티다11(역해) → 경졉시작ᄒ다21(한청) → 경뎝티다5(화초1) →
    경뎝티다2y(화초2) → 경졉치다(현대)
  · 다딤131(역해) → 다딤74(화초1) → 다딤18y(화초2) → 다짐(현대)
  · 모디다64(역해) → 모지다231c(한청) → 모디다39(화초1) → 모디다
    10y(화초2) → 모지다(현대)
  · 삽듀164(역해) → 삽쥬377d(한청) → 삽듀94(화초1) → 삽듀23y(화초
    2) → 삽지(현대)

---

29) 부록을 참조하라.
30) 부록을 참조하라.
31) 부록을 참조하라.

• 티다174(역해) → 치다69d(한청) → 티다98(화초1) → 티다24y(화초2)
  → 치다(현대)
• 하딕술122(역해) → 하딕술68(화초1) → 하딕술17y(화초2) → 하직술
  (현대)

근대조선어시기에 'ㄷ ㅌ'가 /i/와 /j/ 앞에서 'ㅈ ㅊ'로 변화하는 구
개음화가 일어났다. 방언마다 조금씩 시기를 달리하지만 구개음화를 겪
지 않은 서북방언과 함경북도 육진방언의 일부 지역을 제외한 모든 방
언이 17세기 후반까지는 이 변화를 겪었다. 그리하여 18세기에는 초성
위치의 'ㄷ ㅌ'가 /i/와 /j/ 앞에서 나타날 수 없었던 것이다.[32]
위에서 보다시피 『한청』에서는 'ㄷ ㅌ'의 구개음화가 일반화되어 있
다. 그러므로 도리대로 말한다면 19세기 말에 간행된 『화초1, 2』에서도
'ㄷ ㅌ'가 /i/와 /j/ 앞에 나타나지 못한다. 그러나 이상의 예들은 『화초
1, 2』에는 의연히 쓰이고 있다.

나. 두음법칙으로 인한 어휘외형변화[33]

• 님금33c(한청) → 님금9(화초1) → 임금3z(화초2) → 임금(현대)
• 니60(역해) → 니450a(한청) → 니36(화초1) → 니9z(화초2) → 이(현대)
• 니마65(역해) → 니마145c(한청) → 니마39(화초1) → 니마10z(화초2)
  → 이마(현대)
• 니블172(역해) → 니불336a(한청) → 니불98(화초1) → 니불23z(화초2)
  → 이불(현대)
• 닙다94(역해) → 닙다335a(한청) → 닙다55(화초1) → 닙다14y(화초2)
  → 입다(현대)

현대조선어에서는 소위 두음법칙으로 하여 'ㄴ'이 /i/ 앞에 올 수 없
다. 즉 구개음화된 'ㄴ'이 어두에 오지 못한다.

---

32) 전광현, 『근대국어음운』(『국어의 시대별변천연구 2』, p.36, 국립국어연구원, 1997
   년).
33) 부록을 참조하라.

역사적으로 볼 때 'ㄴ'이 어두에서 /i/ 앞에 많이 나타나고 있다. 그러나 18세기 후반기부터는 /i/나 /j/ 앞에 출현할 수 없었다. 이는 어두 위치에 의하여 일어난 /i/, /j/ 앞에서의 'ㄴ'탈락현상이 18세기 후반기에 완성된 데 기인된다. 이 경우의 'ㄴ'도 그 탈락에 있어서 구개음화와 관련된다.34) 그런데 위에서 보다시피 『역해』로부터 『화초1, 2』에 이르기까지(극소수의 예 '임금'외) 'ㄴ'은 시종 일관하게 쓰이고 있다. 이것은 문자의 보수성35)으로 보아야 할지 아니면 인위적인 것으로 보아야 할지 더 연구해보아야 할 것이다.

③ 받침의 변화에 의한 어휘외형변화

이 부분에서는 주로 받침 'ㅅ'와 'ㄷ'에 의하여 그 외형이 변한 것만 논하려 한다. 그 외에도 받침의 탈락, 받침의 형성에 의하여 변한 것도 있다.

『화초1』에서는 받침으로 'ㄱ, ㄴ, ㄹ, ㅁ, ㅂ, ㅅ, ㅇ'과 'ㄺ. ㄼ'가 쓰이고 있다. 그중 'ㄺ'와 'ㄼ'는 '넑다', '긁다', '붉다'와 '앏', '삶'에서만 쓰이고 있다. 그 밖의 대부분은 'ㄱ, ㄴ, ㄹ, ㅁ, ㅂ, ㅅ, ㅇ' 7자가 쓰인다. 『훈민정음』 창제자들은 "종성은 초성을 다시 쓴다(終聲復用初聲)."고 하였다. 이것은 소유의 초성자가 모두 종성에 쓰인다는 것을 말한다. 그러나 종성해에서는 "그러나 ㄱ, ㅇ, ㄷ, ㄴ, ㅁ, ㅂ, ㅅ, ㄹ의 여덟 자만 가지고도 능히 다 쓸 수 있다(然 ㄱ, ㅇ, ㄷ, ㄴ, ㅁ, ㅂ, ㅅ, ㄹ八字可用也)."고 하였다.

종성 'ㅅ'와 'ㄷ'는 중세조선어에서는 일반적으로 음운론적 대립을 이루었기 때문에 8종성의 단위로 각각 인정되었다. 그러나 16세기 초부터 'ㅅ'와 'ㄷ'의 중화로 인해 변별적 기능이 상실되기 시작하였고 17세기

---

34) 전광현, 『근대국어음운』(『국어의 시대별 변천연구 2』, p.36, 국립국어연구원, 1997년)
35) 리익섭, 『국어학개설』, p.262, 학연사, 1994년.

초반까지는 'ㅅ', 'ㄷ'의 종성문제는 'ㅅ → ㄷ'형에 따른 혼기시대와 'ㄷ → ㅅ'형 혼기시대에 처해있었고 17세기 후반부터 19세기 말 내지 20세기 초까지는 'ㅅ' 통일시기에 처해있었다.

가. 'ㅅ'와 'ㄷ'에 의한 어휘외형변화[36]

- 놋타136(역해) → 놋타208c(한청) → 놋타77(화초1) → 노타19y(화초2) → 놓다(현대)
- 닫182(역해) → 닷368a(한청) → 102(화초1) → 닫24z(화초2) → 닻(현대)
- 듯다64(역해) → 듯다172a(한청) → 듯다38(화초1) → 듯다10y(화초2) → 듣다(현대)
- 맛다131(역해) → 맛다113d(한청) → 맛다74(화초1) → 맛다18y(화초2) → 맞다(현대)
- 밧155(역해) → 받293a(한청) → 밧90(화초1) → 밧22y(화초2) → 밭(현대)
- 숫110(역해) → 숫315a(한청) → 숫62(화초1) → 숫15z(화초2) → 숯(현대)
- 콩풋7(역해) → 1 콩풋150d(한청) → 콩팟43(화초1) → 콩팟11y(화초2) → 콩팥(현대)

위의 예에서 보다시피 『역해』에서는 받침 위치에서의 'ㄷ'를 완전히 제거해버리고 'ㄷ' 및 'ㅌ'는 모두 'ㅅ'로 통일되어 쓰인다.

『한청』에서는 거의 완벽하게 통일성을 준수하였다. 그러나 이상하게도 '밭(田)'은 'ㄷ' 받침을 쓰고 있다.

받 경계(10.2)   받 두던(10.1)
듯다(6.23)   뭇다(6.36)

『화초1, 2』에서는 'ㅅ'와 'ㄷ'의 종성문제가 'ㅅ' 통일시대에 처해있음

---

36) 부록을 참조하라.

을 알 수 있다. 따라서 'ㄷ'뿐만 아니라 'ㅌ, ㅈ, ㅊ'도 모두 'ㅅ'로 통일
되어 쓰이고 있다. 그리고『한청』에서의 '받'은『화초1, 2』에서는 '밧'으
로 표기되고 있다. 그러나『화초1, 2』에서 '묘(錨)'는 'ㄷ'와 'ㅅ'의 혼용
을 보이고 있다.

　　　닫(화1 102, 화2 24z)　　　　　　닷(화1 103, 화2 25z)

이는 결국 7종성의 탄생에 대한 한 과정을 보여준 것이라 하겠다.

(2) 모음음소의 변화에 의한 어휘외형변화

『화초1』에 이르러 모음음소가 변함으로 하여 그 외형이 변화된 어휘
는 154개다. 그 가운데서 'ㆍ'의 변화가 35개로서 첫자리를, 그 다음
'ㅐ'의 변화가 29개로서 두 번째 자리를, 그 다음 'ㅏ'의 변화가 17개로
서 세 번째 자리를 차지한다.

'ㅏ'는 'ㆍ ㅑ'(사공→ 수공<103>, 단장→ 단쟝<57> 등)로 변했고 'ㅓ'는
'ㅡ ㅕ'(거머리→ 그머리<113>, 도적→ 도젹<75> 등)로 변했으며 'ㅗ'는 'ㅡ
ㅜ ㅣ ㅛ ㅚ'(고오다→ 고으다<78>, 동모→ 동무<77>, 달호다→ 달히다<72>,
소나모→ 쇼나모<118>, 온밤→ 왼밤<5> 등)로 변했다. 그리고 'ㅜ'는 'ㅗ
ㅡ ㅠ'(기우다→ 기오다<36>, 두룹→ 둘읍<95>, 주다→ 쥬다<103> 등)로 변
했고 'ㅡ'는 'ㅏ ㆍ ㅚ ㅟ ㅜ ㅓ'(다듬다→ 다담다<95>, 다듬다→ 다듬다
<56>, 무드다→ 무되다<22>, 무드다→ 무뒤다<47>, 믈→ 물<21> 등)로 변했
으며 'ㅐ'는 'ㆍㅣ'(가재→ 가ᄌᆡ<115> 간대로→ 간ᄃᆡ로<62> 등)로 변했다. 그
다음 'ㅔ'는 'ㆍㅣ ㅓ ㅖ'(우레→ 우ᄅᆡ<2>, 글게→ 글긔<99>, 어제→ 어졔<3>
등)로 변했고 'ㅚ'는 'ㅟ'(사회→ 사위<33> 등)로 변했으며 'ㅟ'는 'ㅣ ㅔ'
(두더쥐→ 두더지<110>, 술위→ 수레<105> 등)로 변했다.

겹모음의 변화에서 보면 'ㅢ'는 'ㆍㅣ ㅣ'(부나븨→ 부납이<113>, 질긔다→
질기다<59> 등)로 변했고 'ㅑ'는 'ㅏ'(마샹이→ 마상이<102> 등)로 변했으

며 'ㅛ'는 'ㅗ ㅠ'(죠개 → 조기<115>, 단쵸 → 단츄<54> 등)로 변했고 'ㅠ'는 'ㅟ'(거유 → 거위<71> 등)로 변했다.

그리고 'ᆞ'는 'ㅏ ㅡ ㅗ ㅜ ㅑ'(ᄆᆞ → 가, 가ᄉᆞᆷ → 가슴, ᄀᆞᄅ → 가로, 며느리 → 며누리, ᄌᆞᄅ다 → 쟈르다)로 변했고 'ᆡ'는 'ㅣ ㅡ ㅕ ㅢ ㅔ'(노희다 → 노흐 다<46>, 산힝 → 산영<28>, 아희 → 아희<44>, 어릭빗 → 얼어빗<100> 등)로 변했다.

위의 홑모음의 변화에서 보면 뒤모음의 변화가 많은데 그 변화는 같은 성질의 모음으로 변한 것이 절대다수다. 즉 'ㅡ'가 'ㅜ'로 변한 어휘가 8개, 'ㅗ'가 'ㅜ'로 변한 어휘가 4개로서 첫자리와 둘째 자리를 차지하는데 가운데 높은 모음이 뒤높은모음으로 변하고 뒤반높은모음이 뒤높은모음으로 변한 것이 하나의 특징으로 된다.

이는 주로 원순모음화와 모음조화의 파괴로 인한 결과로 보아야 할 것이다.

원순모음화는 'ㅁ ㅂ ㅍ' 등의 순음 아래에서의 'ㅡ'가 'ㅗ(ㅜ)'로 바뀌는 현상이다. 즉 '므 브 프' 등이 '무 부 푸' 등으로 바뀌는 현상이다.

리익섭 선생은 "원순화는 대개 17세기 말엽에 있었던 것으로 추정된다."[37]고 하였다.

- 불(역어류해 하 18)
- 묽다(역어류해보 2)
- 붓다(역어류해 상 59)

이런 원순모음화는 『화초1』에 이르러서는 혼용을 보이고 있다.

믉거품(2), 물셜(7), 블(26) 불(62), 나믈(94), 나물(9), 플무(25) 풀무 (101)

37) 리익섭, 『국어학개설』, p.215, 학연사, 1994년.

그리고 음절내부에서 음소의 변화로 인한 어휘외형변화에서 보면 제2
음절에서 변한 어휘가 69개, 제1음절에서 변한 어휘가 36개로서 제2음
절에서 변한 어휘가 제1음절에서 변한 어휘보다 더 많다.

또한 'ᆞ'와 'ㆎ'의 회귀사상을 보아낼 수 있다. 이것은 인위적이 아
니면 보수성으로 인한 것으로 보아야 할지는 더 깊은 연구가 이루어져
야 한다고 보아진다.

리기문 교수는 "'ᆞ'의 소실은 두 개 단계를 거쳐서 이루어졌는데 제
1단계로 제2음절의 소실은 이미 16세기에 이루어졌으며 제2단계로는
제1음절의 소실인데 이는 18세기 후반에 이루진 것으로 파악되고 있
다."[38]고 하였다.

그런데 『화초1』에서는 의연히 'ᆞ'가 많이 쓰이고 있으며 약간의 혼
용을 보이기도 한다. 여기에서 보면 '며ᄂᆞ리'는 '며나리', '며누리'로도
쓰이고 있다.

그리고 『화초1』에서 'ᆞ'와 관련되어 특기할만한 것은 'ㆎ'인데 『화초
1』에서는 'ㅐ'보다 'ㆎ'가 더 많이 쓰이고 있다.

리익섭 선생은 "'ㆎ'의 단모음화는 'ᆞ'의 소실 다음으로 중요한 음운
변화이다. 중세조선어에서 [ai]와 같이 이중모음으로 발음되던 'ㆎ'가 [ɛ]
와 같은 단모음으로 변한 것은 대개 18세기 말엽이었던 것으로 추정된
다. 'ᆞ'의 소실로 'ㆎ'도 일단 'ㅐ'로 바뀌었으므로 'ㆎ'가 [ɛ]로 단모음
화된 것도 같은 시기의 일이었을 것이다."[39]고 하였다.

그러므로 'ᆞ'와 'ㆎ'의 소실연대는 다시 더 연구되어야 할 것이라고
보아진다.

이상의 것을 도표로 보이면 아래와 같다.

38) 리기문, 『개정국어사개설』, p.200, 민중서관, 1972년.
39) 리익섭, 『국어학개설』, p.214, 학연사, 1994년.

『화초1』의 제1음절에서의 음소의 변화

	ㅏ	ㅓ	ㅗ	ㅜ	ㅡ	ㅣ	ㅐ	ㅔ	ㅚ	ㅟ	ㅑ	ㅕ	ㅛ	ㅠ	ㅖ	ㅢ	、	ㅣ	총수
ㅏ											1						4		5
ㅓ				1					4										5
ㅗ								1		1									2
ㅜ				2								2							4
ㅡ			5																5
ㅔ																1			1
ㅑ	2																		2
ㅛ		1																	1
、	9																		9
ㅐ																		2	2
합계	11	1	5	3				1	4	1	2	2				1	4	2	36

『화초1』의 제2음절에서의 음소의 변화(1)

	ㅏ	ㅓ	ㅗ	ㅜ	ㅡ	ㅣ	ㅐ	ㅔ	ㅚ	ㅟ	ㅑ	ㅕ	ㅛ	ㅠ	ㅖ	ㅢ	、	ㅣ	총수
ㅏ											2						3		5
ㅓ												2							2
ㅗ				4	1	1													6
ㅜ			1	2															3
ㅡ	1		3						1	1							3		9
ㅐ										1								16	17
ㅔ															1	1		1	3
ㅟ						1													1
합계	1		1	7	3	1		1	1	2	2	2			1	1	6	17	46

『화초1』의 제2음절에서의 음소의 변화(2)

	ㅏ	ㅓ	ㅗ	ㅜ	ㅡ	ㅣ	ㅐ	ㅔ	ㅚ	ㅟ	ㅑ	ㅕ	ㅛ	ㅠ	ㅖ	ㅢ	、	ㅣ	총수
ㅑ	2																		2
ㅕ	1																		1
ㅛ			1										1						2
ㅠ							1												1
ㅢ				2															2
、	4		1	2	3														10
ㅣ			1				1					1				2			5
합계	7		2	4	2		1					1	1			2			23

그리고『화초1』시기 전후의 상황을 살펴보면 음절 내에서의 음소의 변화로 인한 어휘외형변화에서 보면『한청』에서는 제1음절에서 변한 어휘가 15개, 제2음절에서 변한 어휘가 35개,『화초2』에서는 각각 22개, 현대어에서는 제1음절에서 변한 어휘가 134개, 제2음절에서 변한 어휘가 157개다.

음절내부음운(모음)의 변화로 인한 어휘외형변화에서 보면『역해』에서부터 현대어에 이르기까지 음운이 변하지 않은 어휘가 332개, 현대어전에 변한 다음 더 변하지 않은 어휘가 204개, 현대어에 이르러 변한 것이 404개로서 기본어휘의 공고성을 알 수가 있다.

홑모음의 변화로 인한 어휘외형변화에서 보면『한청』에서는 'ㅡ'가 'ㅜ'로 변한 어휘가 6개,『화초2』에서는 'ㅡ'가 'ㅜ'로 변한 어휘가 4개, 'ㅗ'가 'ㅜ'로 변한 어휘가 3개로서 가운데 높은모음이 뒤높은모음으로 변한 것이 하나의 특징으로 된다. 그리고 현대어에 이르러 'ㅡ'가 'ㅜ'로 변한 어휘가 42개, 'ㅗ'가 'ㅜ'로 변한 어휘가 72개로서 뒤반높은모음이 뒤높은모음으로 변한 것이 하나의 특징으로 된다.

겹모음의 변화로 인한 어휘외형변화에서 보면『한청』,『화초2』에서는 그 변화가 적지만 현대어에 이르러서는 그 변화가 상당히 많은데 'ㅕ'가 'ㅓ'로 변한 어휘가 44개, 'ㅠ'가 'ㅜ'로 변한 어휘가 18개, 'ㅑ'가 'ㅏ'로 변한 어휘가 12개, 'ㅛ'가 'ㅗ'로 변한 어휘가 9개로서 이는 선행모음 'ㅣ'의 탈락과 관계된다.

그리고 현대의 변화에서 보면 앞모음화에 의하여 변한 어휘가 있다. 앞모음화는 후행하는 모음 'ㅣ'가 자기와 먼거리에 있는 모음을 가까이에서 발음되는 모음으로 바꾸는 현상이다. 즉 뒤에 오는 모음 /i/나 /j/의 영향으로 그 앞의 모음 'ㅏ ㅓ ㅗ ㅜ' 등이 'ㅐ ㅔ ㅚ ㅟ'로 바뀌는 현상이다. 앞모음화는 '15세기부터 조금씩 나타나다가 18세기 이후 확대된 현상이다.'40) 앞모음화는 근대조선어의 한 개 특징으로 된다. 그러나『화초1』에서 보면 앞모음화현상을 찾아볼 수 없다. 그러나 19

세기 말~20세기 초에 편찬된 『초학요선』[41]에서는 앞모음현상이 활발히 나타난다.

● 화어류초1	● 현대어
느리다(11)	내리다
난장이(35)	난쟁이
옷밤이(107)	올빼미
더덩이(70)	더뎅이
구더기(112)	구데기
달팡이(112)	달팽이
굼벙이(112)	굼벵이
삿기(107)	새끼

이상의 것을 개괄해보면 음절구조가 길어진 것도 있고 짧아진 것도 있으며 음절구조가 그대로 있고 음운구성이 변한 것도 있다. 음절계선에는 변화가 없다하더라도 내부의 음운변화로 자음만 변했거나 모음만 변했거나 혹은 자모음이 동시에 변했거나 하는 것들도 볼 수 있다. 여기서 우리는 어휘외형의 장단의 변화는 음절변화에 그 주되는 갱신을 의탁하고 있으며 그렇지 않은 경우 음절계선을 넘지 않고 다시 말하면 기존음절의 테두리 안에서 오직 수구적 변화를 하고 있다는 것을 알 수 있다. 또한 음절의 장단의 변화보다도 음절의 계선을 넘지 않은 기존음절의 테두리 안에서 수구적 변화를 일으킨 어휘가 더 많다는 것을 알 수 있다.

총적으로 보면 어휘외형변화는 표기법과 음운변화의 직접적인 영향을 받는다.

음운이 변하면 그에 따르는 표기법도 따라서 변하게 되고 또 표기법

---

40) 최범훈, 『중세한국어문법』, p.62, 이우출판사, 1980년.
41) 『국어학의 새로운 인식과 전개』, p.197, 서울대 대학원 국어연구회 편찬, 민음사, 1991년.

이 달리 되면 어휘외형도 달리 변하게 된다.

　김영황 교수는 "서사규범은 15세기에 세워진 후 언어적 변화와 맞지 않는 데로부터 혼란을 면치 못하였으며 따라서 16세기에 와서 다시 한번 서사규범이 개정되었다. 그러다 17세기 이후에 서사규범의 개정사업이 진행되지 않은 데로부터 그 혼란이 극도에 달하였다.

　그러다 18~19세기에 넘어와서는 전통적인 서사규범을 지키려는 경향과 바뀌어진 언어현상을 그대로 적으려는 경향이 서로 엇갈리어 조선어서사규범은 사실상 파괴되었다."[42]

　『화초1』에서는 이런 현상을 여실히 반영하고 있다.

2. 어휘교체

　어휘변화에는 고유어가 고유어에 교체된 것과 고유어가 한자어에 교체된 변화가 있다.

1) 『화초1』에 와서 다른 단어에 대치된 어휘

　『화초1』에 와서 다른 단어에 대치된 것은 '뫼ㅅ비탈' 하나뿐으로서 '뫼ㅅ두던'으로 바뀌었다. 고유어가 다른 고유어에 대치된 것이다.

2) 『화초2』에 와서 다른 단어에 대치된 어휘

　『화초2』에 와서 다른 단어에 대치된 것은 아래와 같은 단어들이다.

---

42) 김영황, 『조선민족어발전력사연구』, 과학백과사전출판사, 1978년.

고곰 → 학질   믈위 → 우박
보리 → 푸리   블노타 → 방포ㅎ다
자근믈 → 오줌   혀기다 → 셰다
혀다 → 켜다   힝역 → 역질
큰믈 → 똥   짓타 → 두렵다
디ㄹ다 → 찌다

이 가운데서 '학질', '똥'은 중세조선어시기에도 쓰이던 것이다.

3) 『화초1, 2』 후에 변한 어휘

(1) 표준어에는 안 쓰이나 방언에 쓰이는 어휘

놋소라 → 놋소래   세수소라 → 세수소래
셔답 → 서답   피긔 → 패기

'소래'는 함경도와 황해북도에서 쓰이고 '서답'은 함경도, 평안도, 황해도, 량강도, 강원도, 충청북도, 경상도, 제주도, 전라남도에서 쓰이는데 충청도에서는 '개짐'을 가리키고 함경도, 평안도, 경상도, 제주도 등지에서는 '빨래'를 가리킨다. 그리고 '패기'는 함경도, 평안남도, 량강도, 강원도에서 쓰인다.

(2) 완전히 다른 단어에 교체된 어휘

고더마리 → 대머리   당옴 → 매독, 천연두
디디완 → 큰사발(大海)   더완 → 중사발(二海)
디륜도 → 지남침(羅經)   묏ㄴ물 → 산나물
믈속 → 말대, 두투마리   푸리 → 유리
보방ㅎ다 → 보증하다   범히다 → 꾸미다
사자 → 솔   성적함 → 화장함
소지정ㅎ다 → 고자질하다   아리쇠 → 삼발이
아ᄋ누의 → 누이동생   아촌ᄯᆞᆯ → 조카딸, 질녀

아촌아돌 → 조카   잡씨 → 잡종, 잡것
져프다 → 두렵다   초갓 → 초립
파란 → 법랑   픠두ᄉ령 → 두목
싱심이나 → 감히   향음 → 시골뜨기
셰다 → 깎다   혁(옛) → 고삐
혀ᄂ물 → 썰물   휘 → 목화(木靴)
회ᄌ책 → 극본   역질 → 두창, 천연두

이상의 단어들은 다른 고유어 혹은 한자어에 교체된 단어들이다.

(3) 사용빈도상 공존하는 동의어가 더 많이 쓰이는 어휘

표준어에도 쓰이지만 동의적인 다른 단어와 공존하면서 동의어가 더
활발히 쓰이는 것 즉 사용빈도상 공존하는 동의어가 더 많이 쓰이는 것.

교의(걸상, 교의, 의자) → 의자[43]
가ᄋ마다(주관하다, 가말다) → 주관하다
머리골슈(머리골, 두뇌) → 두뇌
뫼ᄉ두던(산비탈, 메비탈) → 산비탈
편머리(대머리, 민머리) → 대머리
말구죵(말구종, 경마잡이, 견마부, 거덜) → 견마부
산두다(계산하다, 산놓다, 셈하다) → 계산하다
샤ᄒ다(용서하다, 사하다) → 용서하다
셩마르다(성급하다, 성마르다) → 성급하다
엄(움, 싹) → 싹
젓타(두려워하다, 저어하다) → 두려워하다, 저어하다
쥬망(주망태, 주망, 주정뱅이) → 주정뱅이
휘건(행주치마, 앞치마, 휘건) → 행주치마
희짓다(방해하다, 희롱하다, 희짓다) → 희롱하다

---

43) 『조선어빈도수사전』, 과학백과사전종합출판사, 1993년을 참조.

(4) 공고한 단어결합에만 쓰이는 어휘

부으(폐장, 허파, 부아)

'부으'는 『사성통해』(1517), 『훈몽자회』(1527), 『신증류합』(1576), 『동문류해』(1748), 『한청문감』 등에서는 '부화'로 쓰이는데 공고한 단어결합으로는 인용되지 않았다. 『마경초집언해』(1682)의 것을 예로 들어보면 다음과 같다.

부화믹(肺脈)   부화병(肺病)
부화 궁기 브으면

그러니 19세기에 표기가 '부으'로 되고 그후 공고한 단어결합에 쓰인 것 같다.

'부아'는 지금 그 홀로는 쓰이지 않고 '폐장', '허파'가 비교적 많이 쓰인다. 그 대신 '부아'는 공고한 단어결합에서 많이 쓰인다.

부아가 나다(분한 마음이 일다)
부아를 내다(분한 마음을 일으키다)
부아를 돋우다(분한 마음이 생기도록 자극을 주다)
부아가 터지다(마음속에 일어나는 화, 분한 마음)

(5) 한자어와 고유어가 다 쓰이는 어휘(의미색채상의 차이)

뭇아즈비(큰아버지, 맏아바이, 백부)
아으아즈비(작은아버지, 아즈바이, 숙부)
아촌똘(조카딸, 질녀)
오좀(오줌, 소변)
똥(똥, 대변)

한자어는 정중한 감과 공식적인 감을 주고 고유어는 친근성과 유연성을 느끼게 한다.

(6) 현대에 이르러 어느 일방만 쓰이는 어휘

중세부터 『화어류초』까지 두 가지로 명명되던 것이 현대에 이르러 어느 일방만 쓰이는 것

누역, 도롱이 → 도롱이   낚시밥, 밑 → 미끼

(7) 기타

쏘아가는별 > 류성(1)	호로러바람 > 선풍(2)
우묵혼디 > 와지(7)	여른어름 > 살얼음(8)
가온딧문 > 정문(8)	져근고올 > 현(9)
쇠북단누 > 종류(31)	늙은사롬 > 늙은이(로인)(35)
마리싹는이 > 리발사(37)	마리골슈 > 두뇌(39)
다시닐온짜 > 개황지(90)	

『화초1』에서 한자어표제어에 대응하는 풀이어는 단어로 된 것도 있고 설명구로 된 것도 있다. 이러한 설명구는 '용언어근 + 는(-ㄴ) + 체언'식, '명사어근 + 읫/의 + 명사어근'식, '명사어근 + ㅅ + 명사어근'식으로 되었는데 이런 명사구들은 그 표제어에 대응하는 적당한 단어가 없기에 사전적 단어들을 사전식으로 풀이한 것으로서 지금에 이르러서는 그 대부분이 단어에 대치되어버렸다. 이런 설명구는 『화초1』에서 상당한 비중을 차지하고 있다.

특수한 사회적 현상으로서의 언어는 늘 발달과 변화 중에 있으며 특히 어휘는 더욱 그러하다. 어휘의 생성과 소멸은 언어의 발달행정에 잘 나타나는 현상이다. 이러한 변화는 우선 조선어 어휘의 자체적 특성과 어휘체계 내부에 있는 모순 운동에 의한 것이다. 아울러 언어는 사회적 현상이므로 사회적 기능과 본질로부터 사회교제의 수요에 따라 변화할 것을 요구한다.

『화초1』에서는 어휘의 변화, 생성현상이 뚜렷하지는 않지만 어느 정도 이런 현상을 반영하고 있는 것이다.

IV. 결 론

이상으로 19세기 말의 『화어류초1』의 어휘체계와 어휘변화에 대하여
검토하여 보았다. 그 결과를 요약하면 다음과 같다.

1. 어휘체계에서 보면 『화어류초1』은 고유어와 한자어 이중체계를 기
초로 하고 있으며 외래어도 있기는 하지만 그 수효가 많지 않다.

2. 근대조선어시기에 중국어가 의연히 강유력한 외래어의 자원이었음
을 알 수가 있다.

대체로 19세기 말의 언어현실을 반영하고 있는 『화초1』의 중국어단
어는 모두 2278개인데 그중 적지 않은 수(약 26.4% 좌우)의 단어가 일면
으로는 조선한자음(예를 들면 日触, 來月, 秀才, 短刀, 原告 등)으로 또 다른
일면으로는 개조된 외래어(예를 들면 김치, 배추 등)로 조선어의 어휘체계
에 유입되었다.

3. 『화초1』에서 보면 음절의 확대가 17개로서 음절의 축소(9개)보다
더 많은 비중을 차지한다. 그러나 접사를 보충하거나 단어를 합성하지
않고 순 원 어휘로서 증가된 것은 거의 없다. 『한청』, 『화초1』, 『화초2』,
현대에 이르기까지 보면 총체적 흐름은 음절의 축소가 기본경향을 이룬
다.

4. 『화초1』에서는 제2음절의 음이 변한 어휘가 69개로서 제1음절이
변한 어휘(36개)보다 더 많다. 또한 근대조선어시기 전반에 걸쳐 볼 때

제2음절의 음이 변한 어휘가 더 우세를 차지한다.

5. 『화초1』에서 보면 가운데높은모음이 뒤높은모음으로 변하고 뒤반높음모음이 뒤높은모음으로 변한 것이 하나의 특징으로 된다. 즉 'ㅡ'가 'ㅜ'로 변한 어휘가 8개, 'ㅗ'가 'ㅜ'로 변한 어휘가 4개로서 첫자리와 둘째자리를 차지한다. 그리고 『화초1』의 전후를 살펴보아도 뒤반높은모음이 뒤높은모음으로 변한 어휘가 많다. 이를 근대조선어의 하나의 특징으로 삼을 수 있겠는가는 더 고려해볼 필요가 있다고 보아진다.

6. 『화초1』에서 하나의 특징으로 되는 것은 'ㆍ'와 'ㅣ'의 회귀현상이다.

이시기에 이르러 'ㆍ'가 이미 모음구성에서 빠져나갔음에도 불구하고 계속 쓰이고 있다. 그러므로 'ㆍ'와 'ㅣ'의 소실연대를 더 연구해볼 필요가 있다고 보아진다.

7. 이른바 'ㅅ'계 합용병서와 'ㅂ'계 합용병서가 의연히 쓰이고 있다. 또한 『화어류초』의 연구를 통하여 우리는 복합자음 'ㅅ'계와 'ㅂ'계에서 'ㅅ'계로의 통일은 대개 두 개 단계를 거치고 있음을 보아낼 수 있다. 다시 말하면 'ㅅ'로의 통일은 한번은 18세기에 이미 있었고 다른 한번은 19세기 후반에 와서도 있었다는 것이다. 그 차이라면 18세기 후반기에 그 통일의 경향이 19세기보다 강했다는 것이다.

8. 1400여 개 어휘가운데서 현대에 이르러 완전히 다른 단어에 교체된 어휘가 30개밖에 안 된다. 이는 우리 기본어휘의 공고성을 보여준다.

이 문헌은 19세기 말 즉 다시 말하면 근대조선어시기와 현대조선어시기의 분수령에 놓여있는 문헌으로서 일본의 침략으로 인한 일본한자어가 마구 휩쓸어 들어오기 전의 언어형태의 연구에 큰 도움을 주는 문헌이다.

부　록

1. 부록 1에서부터 8까지에서는 『화어류초1』의 어휘를 기
   간으로 하여 그 어휘들에 『역어류해』, 『한청문감』, 『화
   어류초2』의 어휘들과 그리고 현대어들을 대응시켜 어휘
   색인을 하였다.
2. 부록 9에서 고유어로 된 풀이어들에는 국제음성기호를
   달아주었다.
3. 부록 10에서는 표제어의 각 한자음에 대하여 병음을 달
   아주고 국제음성기호로 표시하여 주었다.

부록1 음절의 확대

역해	한청	화초1	화초2	현대어
고은약127	膏藥257a	고은약72	고은약17z	고약
		나나리벌114	나나리벌27y	나나니벌
		나나리벌114	나나리벌27y	나나니벌
	낫다258d	나흐다72	나흐다18y	낫다
	놉다27a	노프다33	노프다8z	높다
디룡이211	디룡449b	지룡이112	지룡이27y	지렁이
…	…	…	…	…
머이다134	메다370d	머이다75	머이다18z	메다
뫼츠라기19	뫼초리305d	묏쵸리기107	묏쵸리기26y	메추리
몰다99		몰오다57	몰다14z	말다
	빌다177c	빌으다44	빌웃다11y	빌다
	소뇌123d	소니활27	소니활7y	소뇌
쏨쏘야기125	쏨쬐219c	쏨쏘야기70	쏨쏘야기17z	땀때
초개집34	초가362d	초개집23	초기집6z	초가집
춧조뿔159	춧조389d	춧조쑬92	차조쑬22z	차조
피159	피389c	피뽈92	피쓸22z	피쌀
	혬105c	혜음73	혜음18y	셈

■ ■ ■ 이상 『화초1』

역해	한청	화초1	화초2	현대어
눈어엿66	눈어엿146b	눈어엿40	눈언저리10z	눈언저리
ᄂᆞ릇15	ᄂᆞ릇263d	ᄂᆞ릇7	나로기2z	나루가
		져96	져가락23z	저가락
ᄃᆞᄉᆞ다11	ᄃᆞᄉᆞᄒᆞ다8	ᄃᆞᄉᆞ다5	ᄃᆞᄉᆞ롭다2y	따사롭다

■ ■ ■ 이상 『화초2』

역해	한청	화초1	화초2	현대어
	것다199c	것다28	것다7z	거두다
	거두치다15d	거두치다55	거두치다14y	거두다

	고기371d	고기29	고기7z	물고기
고리171	고리348d	고리97	고리23z	고리짝
골14		골7	골2z	골목(골)
괴206	괴430d	괴110	괴26z	고양이
놋갓68	놋가족231d	놋갓40	놋갓10z	낯가죽
담173	담336c	담98	담23z	담자리
도랏165		도랏94	도랏23y	도라지
돗204	돗429d	돗109	돗26y	돼지
돗173	돗336c	돗98	돗24y	돗자리
둘애180		달애101	달애24z	말다래
둠다106	담다297a	둠다61	둠다15z	담그다
부롯다125		부롯다70	부롯다17z	부르트다
비영(하40)		비영117	비영28y	배앙쑥
사뎝시167		사접시96	사접시23z	사기접시
살44	살113c	살27	살7y	(화살)살
수돗204		수돗109	수돗26y	수퇘지
수괴206		수괴110	수괴26z	수코양이
숡208	숡427b	숡111	숡26z	삵괭이
암괴206		암괴110	암괴26z	암코양이
암돗204	암돗429d	암돗109	암돗26y	암퇘지
양치ᄒ다96	양치질ᄒ다337b	양치ᄒ다56	양치하다14y	양치질하다
	…	…	…	…
암니68	엄니147a	엄니41	엄니10z	어금이
외163	외375a	외94	외23y	오이
좃다82	좃다421d	좃다49	좃다12z	조아리다
채182		치102	치24z	채찍
뜰38	뜰315d	뜰25	뜰6z	뜨락
쎠다57	쎳다293a	쎠다91	쎠다22y	뿌리다
P호로래ᄇ람	호로리ᄇ람15	호로리ᄇ람2	호리ᄇ람1y	회오리바람

■ ■ ■ 이상 현대

부록 2 음절의 축소

역해	한청	화초1	화초2	현대어
보156	보십294d	보90	보22y	보습
양치ᄒᆞ다96	양치질ᄒᆞ다337b	양치ᄒᆞ다56	양치하다14y	양치질하다
	…	…	…	…
ᄂᆞᆾ갗68	ᄂᆞᆾ가족231d	ᄂᆞᆾ갗40	ᄂᆞᆾ갗10z	낯가죽
	달라ᄒᆞ다174b	달ᄂᆞ다80	달ᄂᆞ다19z	달라다
	둔짝ᄒᆞ다155a	둔ᄒᆞ다35	둔ᄒᆞ다9y	둔하다
ᄃᆞᄉᆞ다11	ᄃᆞᄉᆞᄒᆞ다8	ᄃᆞᄉᆞ다5	ᄃᆞᄉᆞ롭다2y	따사롭다
올8	올히18	올4	올1z	올
	잡히이다208b	잡히다76	잡히다18z	잡히다

■ ■ ■ 이상 『화초1』

역해	한청	화초1	화초2	현대어
		ᄀᆡ희ᄈᆡ38	ᄀᆡᄈᆡ10y	개씹
거어지61	거ᄋᆞ지139b	거어지37	거지9z	거지
니ㅅ므음68	니ㅅ무음147b	니ㅅ므음41	니몸10z	이몸
다리오리(하15)	다리우리311b	다리오리97	다루리23z	다리미
ᄆᆞᆯ다99		ᄆᆞᆯ오다57	ᄆᆞᆯ다14z	말다
		밥거어지37	밥거지9z	거지
브리오다44	브리오다439a	브리오다27	부리다7y	브리다
손범아귀70		손범아귀42	손아귀11y	손아귀
실ᄭᆞᄋᆞᆷ147		실ᄭᆞᄋᆞᆷ83	실ᄭᆞᆷ20z	실감
	ᄭᅵ이다358d	ᄭᅵ우다54	ᄭᅵ다13z	끼다
싸호다127	싸호다374b	싸호다71	썰다17z	썰다
픠음76	하픠음205b	하픠음45	하픔11z	하픔
호로래ᄇᆞ람	호로리ᄇᆞ람15	호로리ᄇᆞ람2	호리ᄇᆞ람1y	회오리바람

■ ■ ■ 이상 『화초2』

역해	한청	화초1	화초2	현대어
개야미213	가야미449d	ᄀᆡ야미113	ᄀᆡ야미27y	개미

각혀다95		각혀다55	각혀다14y	개다
ㅈ나희61		ㅈ나희37	ㅈ나희9z	간나
고은약127	膏藥257a	고은약72	고은약17z	고약
다구두더리다77		구두더리다46	구두더리다12y	두덜대다
기ᄅ마48	기ᄅ마438c	기ᄅᄆ29	기ᄅᄆ7z	길마
	낫다258d	나흐다72	나흐다18y	낫다
	너흐다382a	너흐다62	너흐다15z	널다
다님씬91		다님ᄯ54	다님ᄯ13z	대님
도마비얌214	도마ㅂ얌449a	도마비얌113	도마비얌27y	도마뱀
		드리오다80	드리오다20y	드티다
	둙의알380c	둙의알59	둙의알15y	달걀
ᄆ얌이210	민얌이448c	마얌이112	마얌이27y	매미
	몰리니다241d	몰늬오다55	몰늬오다14y	말리다
몰쏭구우리210	몰쏭구을이448c	몰쏭구으리114	몰쏭구으리27z	말똥구리
머이다134	메다370d	머이다75	머이다18z	메다
뫼츠라기195	뫼초리305d	묏쵸러기107	묏쵸러기26y	메추리
	빌다177c	빌으다44	빌웃다11y	빌다
	소뇌123d	소니활27	소니활7y	소뇌
쏨쇼야기125	쏨쇠219c	쏨쇼야기70	쏨쇼야기17z	땀때
바곳비181		바곳비101	바곳비24z	고삐
	버들개아지404d	버들긔야지118	버들긔아지28y	버들개지
버히다110	버히다69d	버히다	버히다	베다
		뽀츠닉치다76	뽀츠닉치다19y	쫓아내다
복쇼아뼈73	복쇼아뼈149d	복쇼아뼈43	복쇼아뼈11y	복사뼈
비얌210	ㅂ얌443d	비얌114	비얌27z	뱀
비얌덩어216		비얌쟝어115	비얌쟝어27z	뱀장어
사오나오다56	사오나오다231d	사오나오다34	사오나오다9y	사납다
소음152	소음322c	소음89	소음22y	솜
소음털206		소음털109	소음털26z	솜털
시므다157	시무다293b	시무다91	심우다22y	심다
	ᄉ나희139b	사느희33	사느희8z	사내

쏘아리223		쏘ᄋ리117	쏘ᄋ리28y	꽈리
업슈이너기다	업슈이너기다227c	업슈이너기다39	업슈이너기다10y	업신여기다
	입시울146d	입시올40	입시올10z	입술
조우다81	조을다205b	조우다49	조우다12z	졸다
주머귀70	주머귀148a	주머귀42	주머귀11y	주먹
풀소음152	플소음322c	풀소음87	풀소음21z	풀솜
회화나모225		회화나모118	회화나모28z	홰나무
츳조뿔159	츳조389d	츳조쏼92	차조쏼22z	차조
	혬105c	혜음73	혜음18y	셈

■ ■ ■ 이상 현대

부록 3 다른 단어에 교체된 것

역해	한청	화초1	화초2	현대
거위211		거위112	거위27y	회충(거시)
		계집즁31	계집즁8y	비구니
고곰124		고곰70	학질17y	학질
고디마리(상61)		고디마리69	고디마리17y	대머리
교의178		교의100	교의24y	걸상(의자, 교의)
		구들뎐25	구들뎐6z	구들가
		깃바디89	깃바디21z	등바대
ㄱ음아다20		가ㅇ마다10	가ㅇ마다3y	주관하다
낙시밥47	낙시ㅅ밥304d	낙시ㅅ밥29	낙시밥7z	미끼
낙시밥47	낙시ㅅ밥304d	낙시ㅅ밥29	낙시밥7z	미끼
놋소라166		놋소라95	놋소라23z	놋대야
…		…	…	…
누역91	누역329c	누역54	누역13z	도롱이
…	…	…	…	…
당음124		당음70	당음17z	매독
		디디완96	디디완23z	큰사발
		디륜도100	디륜도24z	지남침
		디완96	디완23z	큰사발
마리골슈65		마리골슈39	머리골11y	두뇌
		묏ㄴ물95	묏ㄴ물23y	산나물
뫼ㅅ비탈26		뫼ㅅ두던6	묏두던2y	산비탈
믈위7	무뤼14	믈위3	우박1y	우박
믠머리(상29)		믠머리35	믠머리9y	대머리
몰구죵55	몰구죵138d	몰구죵33	몰구죵8z	말구종(견마부)
몰속147		몰속83	몰속20z	말대
뭇아즈비115		뭇아자비65	뭇아자비16y	큰아버지(맏아바이)
		보리81	푸리20y	유리
방ㅎ다132		보방ㅎ다74	보방ㅎ다18z	보증하다

부하71		부ᅌᅥ42	부ᅌᅥ11y	페
블노타(상20)		블노타26	방포ᄒᆞ다7y	총쏘다
비이다94		비이다55	빔히다14y	꾸미게하다
사즛170		사자97	사자23z	솔
		산두다73	산두다18y	계산하다
		샤ᄒᆞ다75	샤ᄒᆞ다18z	용서하다
		셜옴을닙다74	셜옴을닙다18y	손해보다
셩ᄆᆞᆯ다78	셩ᄆᆞ르다231b	셩ᄆᆞᆯ다46	셩마르다12y	성급하다
		셩적함57	셩적합14z	화장함
셰슈소라168		셰슈소라95	세수소라23z	세수대야
…		…	…	…
다所志믈ᄒᆞ다24		소지정ᄒᆞ다11	소지정ᄒᆞ다3z	고자질하다
싱심이나63		싱심이나38	싱심이나10y	감히
아리쇠O	아리쇠345c	아리쇠100	아리쇠24y	삼발이
아ᅌᆞ누의115		아ᅌᆞ누의66	아ᅌᆞ누의16z	누의동생
아ᅌᆞ아ᄌᆞ비115		아ᅌᆞ아ᄌᆞ비65	아ᅌᆞ아ᄌᆞ비16y	숙부
아촌ᄯᆞᆯ116		아촌ᄯᆞᆯ66	아촌ᄯᆞᆯ16z	조카딸
아촌아ᄃᆞᆯ116		아촌아ᄃᆞᆯ66	아촌아ᄃᆞᆯ16z	조카
	어리다218a	어리다36	어리다9z	우둔하다
엄157	엄91		이삭22y	이삭
		외자ㅅ쟝80	외지쟝19z	거래통장
유삼91	유삼329c	유삼54	유삼13z	비옷
잡ᄢᅵ64		잡ᄢᅵ39	잡ᄢᅵ10y	잡종
저프다77		저프다46	져프다12y	두렵다
저히다64		져히다38	져히다10y	위협하다
젓타12		짓타5	두렵다2y	두려워하다
져근믈74		져근믈43	오줌11y	오줌
져제137		져지77	져지19y	시장(저자)
죠혼셔답75		조혼셔답44	조혼셔답11z	빨래(서답)
		쥬망36	쥬망9z	주망태
쥬벼ᅌᆞ167	술병346d	술병96	술병23z	술병

초갓87	초갓52	초갓13z	초립
큰물73	큰물43	쏭11y	똥(대변)
큰져지77	큰져지77	큰져지19y	큰시장
파란313b	파란81	파란20y	법랑
패두스령55	픠두스령33	픠두스령8z	두목
픽이76	피긔45	피긔11z	딸꾹질(픠기)
	항음35	항음9y	시골뜨기
	혀기다79	셰다19z	깎다
혀다146	혀다83	켜다20z	켜다
혁(하20) 혁134d	혁102	혁24z	고삐(혁-옛)
혈물15	혀눈물7	혀눈물2z	썰물
휘92	휘54	휘14y	화
	휘건54	휘건13z	행주치마
희짓다(상65)	희짓다74	희짓다18z	방해하다
	희ㅈ칙105	희ㅈ칙25z	극본
힝역125	힝역71	역질딍기다17z	천연두

부록 4 합용병서가 된소리로 바뀜으로 하여 변한 어휘

역해	한청	화초1	화초2	현대어
		그러안짜48	그러안다12z	끄러안다
기름끽107		기름끽61	기름끽15z	기름끼
기장뽤159		기장쏼91	기장쏼22z	기장쌀
뺀묵105	쌔묵390c	뀐묵61	뀐묵15z	깸묵
뜨리다110	쓰리다241a	짜리다62	짜리다15z	쪼개다
	써다217d	뗘다55	뗘다14y	떨다
		뗘이다103	뗘이다25y	띠우다
		뗠리다70	뗠리다17z	떨리다
뼒다108	썲다386d	뼒다62	뼒다15z	떫다
뻬182	쩨367d	뻬102	뻬24z	떼
뛰221	쒸396c	뛰116	뛰28y	띠
쓰다124	쓰다32a	쓰다70	쓰다17z	뜨다
	쓴나귀433b	뜬나귀108	뜬나귀26y	뜬나귀
뜸124	씀257c	뜸70	뜸17z	뜸
		뛰노다47	뛰노다12y	뛰놀다
뛰오다99	쐬오다385a	뛰오다57	뛰오다14z	띄우다
뛰우다30		뛰우다21	뛰우다5z	띄우다
		빠녀다10	빠녀다3y	빼내다
뼈66	쎠148d	뼈39	뼈10z	뼈
뿐다95	쌘다57c	뿐다55	뿐다14y	빨다
		빠히다69	빠히다17y	쌓이다
뽀다42	쏘다450b	뽀다26	뽀다7y	쏘다
뽀아가다4	쏘아가다11	뽀아가다1	뽀아가다1y	쏘아가다
뽀이다12		뽀이다6	뽀이다2y	쏘이다
		뽀이다92	뽀이다22z	쏘이다
	쑥297b	쑥117	쑥28y	쑥
쓰다31	쓰다223b	쓰다22	쓰다6y	쓰다
뿔알히다125	뿔알히다217b	뿔알히다70	뿔알히다17z	쓰라리다

	붓다87b	붓다48	씻다12y	쓰다
삐157	삐397d	삐91	삐22y	씨
		밧다25	밧다6z	쌓다
뿔50	쑬389a	뿔30	뿔8y	쌀
쬐다12	쬐다21	쬐다6	쬐다2y	쬐다
짜다95		짜다(물~)55	짜다14z	짜다
짜다108		짜다(笮)61	짜다15z	짜다
짜다75	쓰다325d	짜다44	짜다11z	짜다(젖~)
짜다104	쓰다386c	짜다61	짜다15z	짭다
	쓰다325d	짜다83	짜다20z	짜다
깍다61	깍다440d	깍다37	깍다9z	깎다
	께뚧다360d	께뚧다101	께뚧다24z	께뚫다
껴민다134	껴민다364a	껴민다75	껴민다18z	껴매다
꼿다96		꼿다56	꼿다14y	꽂다
		꼿봉오리116	꼿봉오리28y	꽃봉오리
		꼿송이116	꼿송이28y	꽃송이
꿀다82	꿀다205d	꿀다49	꿀다1z	꿀다
꿀러안다81	꿀러안다198a	꿀러안다48	꿀러안다12z	꿇어앉다
꾸리152	꾸리	꾸리88	꾸리21z	꾸리
		꾸미다104	꾸미다25y	꾸미다
꾸유다96		꾸유다56	꾸유다14y	꾸미다
꾸지람64		꾸지람38	꾸지람10y	꾸지람
꾸짓다64		꾸짓다39	꾸짓다10y	꾸짖다
꿀105	꿀381b	꿀60	꿀15y	꿀
	꿈211b	꿈49	꿈12z	꿈
	꿩416d	꿩107	꿩26v	꿩
		쮜다89	쮜다22y	꿰다
끌타107		끌타61	끌타15z	끓다
끼다49		끼다29	끼다7z	끼다
		끼이다2	끼이다1y	끼이다
끼다82	끼다205d	끼다49	끼다12z	깨다

떡103	떡379c	떡60	떡15y	떡
	쩨437b	쩨26	쩨7y	떼
		쩨구름85	쩨구름21y	떼구름
		쮜여넘다48	쮜여넘다12z	뛰여넘다
쓰다98	쓰다32a	쓰다57	쓰다14z	뜨다
쓰다155		쓰다89	쓰다22y	뜨다
	쓰리221a	쓰리70	쓰리17z	뜨리
	씀질257c	씀질72	씀질18y	뜸질
씌89	씌330d	씌53	씌13z	띄
씌다89	씌다335b	씌다53	씌다13z	띄다
짜17	짜24a	짠8	짠2z	땅
짇다146	짠다296c	짠다83	짠다20z	따다
짤116	짤142a	짤66	짤16z	딸
짬125	짬151a	짬72	짬18y	땀
	째352c	째55	째14y	때
째다361b	째다62	째다15z	때다	
쌍나모225	쌍나모401b	쌍나모118	쌍나모28z	뽕나무
짜다88	싸다341c	싸다52	싸다13z	싸다
싸호다132	싸호다212a	싸호다74	싸호다18z	싸우다
		썰다111	썰다26z	썰다
		쑥갓93	쑥갓22z	쑥갓
뷰시다96		슈시다56	슈시다14y	쑤시다
쓰다108	쓰다87a	쓰다61	쓰다15z	쓰다
쓰다17	쁠타236b	쓰다8	쓰다2z	쓸다
	씹다382a	씹다62	씹다15z	씹다
쌀159	쌀389a	쌀91	쌀22z	쌀
쌀리236	싸리403b	쌀리118	샬리28z	싸리
	짜다331c	짜다88	짜다21z	짜다
		쩌다57	쩌다14z	쩌다
		찡ᄒ다47	찡ᄒ다12y	찡하다

		벗치다75	벗치다18z	뺃치다
가마괴194	가마괴196d	가마괴107	가마괴25z	까마귀
가치195	가치417c	가치107	가치26y	까치
굿부다81		굿부다48	굿부다12z	가쁘다
굇고리195	꾓고리234a	굇고리107	꾓고리26y	꾀꼬리
귓도라미210	귓도람이448d	귓도라미114	귓도라미27y	귀뚜라미
	글러지다365c	글너지다110	글너지다26z	끊어지다
덥갈나모224		덥갈나모117	덥갈나모28y	떡갈나모
독긔176		독긔99	독긔24y	도끼
듯터비213	두터비444d	듯터비113	둑거비27y	두꺼비
말슘22		말슘11	말슘3z	말씀
묏도기213	묏독이448b	묏도기113	묏도기27y	메뚜기
		벗기다22	벗기다6y	베끼다(문서~)
삿기205	삿기431a	삿기108	삿기26y	새끼
족박169	족박346a	족박97	족박23z	쪽박
족져비208	족져비427a	족져비111	족져비26z	쪽제비
	족집게339a	족집개56	족집개14z	쪽집개

■ ■ ■ 이상 순환소리가 된소리로 된 것

부록 5 구개음화로 인하여 변한 어휘

역어류해	한청문감	화어류초1	화어류초2	현대어
건디다99	건지다388b	건디다57	건지다14z	건지다
겹바디92		겹바지54	겹바지13z	겹바지
경뎝티다11	경졉시작ᄒ다21	경뎝티다5	경뎝티다2y	경접치다
고디식ᄒ다57		고디식ᄒ다35	고디식ᄒ다9y	고지식하다
		고티다34	고치다9y	고치다
	곱쟝이222c	곱댱이36	곱댱이9z	곱쟁이
고티146		곳티83	곳티20z	고치
곳티다30		곳티다21	곳티다5z	고치다
다딤131		다딤74	다딤18y	다짐
댱마5	쟝마13	댱마2	댱마1y	장마
덕다24		덕다11	덕다3z	적다
뎔51		뎔31	뎔8y	절
	쥬락134b	듀락102	듀락24z	주락
듕미83	즁미138b	듕미50	듕미13y	중매
디난희8		디난희4	디난힉1z	지난해
디다75	지다359	디다(아희~)44	디다11z	지다
디다6	지다359	디다2	디다1y	지다
딜알125		딜알71	딜알17z	질알
모디다64	모지다231c	모디다39	모디다10y	모지다
모래무디217	모래무지444c	모리무지115	모리무지27z	모래무치
믄허디다30	믄허지다30d	믄허디다21	믄허디다5z	무너지다
바티다50		바티다30	바치다8y	바치다
	붓치다174a	부티다10	붓치다3y	붙치다
삽듀164	삽쥬377d	삽듀94	삽듀23y	삽지
됴타51	죠타292c	죠타34	죠타9y	좋다
		텬장104	텬쟝25y	천장
티다174	치다69d	티다98	티다24y	치다
하딕술122		하딕술68	하딕술17y	하직술

부록 6 두음법칙으로 인하여 변한 어휘

역해	한청	화초1	화초2	현대어
녀름7	녀름19a	녀름3	녀름1z	여름
니211	니147a	니112	니27y	이(머리이)
니60	니450a	니36	니9z	이
니마65	니마145c	니마39	니마10z	이마
니부자리49		니부자리29	니부자리8y	이부자리
니블172	니블336a	니불98	니불23z	이불
	닉이다242c	닉이다101	닉이다24y	이기다
닐ᄋ다22		닐ᄋ다11	닐아다3z	이르다
		닑다32	닑다8z	읽다
	님금33c	님금9	임금3z	임금
님자137		님자77	님자19y	임자
닙다94	닙다335a	닙다55	닙다14y	입다

부록 7 'ㅅ, ㄷ' 종성의 변화로 인하여 변한 어휘

역해	한청	화초1	화초2	현대어
귀밋67		귀밋40	귀밋10z	귀밑
귀밋털67		귀밋털40	귀밋털10z	귀밑털
깃다98		깃다57	깃다14z	긷다
낫99	낫263c	낫58	낫14z	낯
낫타74	낫다258d	낫타106	낫타25z	낳다
놋타136	놋타208c	놋타77	노타19y	놓다
눗68	눗	눗40	눗10z	낯
닫182	닷368a	닫102	닫24z	닻
닫줄182	닷줄368b	닫줄102	닫줄25y	닻줄
	닷368a	닷103	닷25y	닻
닷다29		닷다20	닷다5z	닫다
닷타96		닷타56	쌋타14y	땋다
돗40	돗429d	돗25	돗6z	돝
듯다64	듯다172a	듯다38	듯다10y	듣다
맛다131	맛다113d	맛다74	맛다18y	맞다
	맛다203c	맛다9	맛다3y	맏다
	몃170a	몃73	몃18y	몇
뭇185	뭇298c	뭇103	뭇25y	뭍
뭇다86	뭇다169c	뭇다(埋)51	뭇다13y	묻다
뭇다62	뭇다169c	뭇다(問)37	뭇다10y	묻다
밋72	밋349a	밋25	밋6z	밑
밋구무72		밋구무43	밋구멍11y	밑구멍
못62	못141	못37	못9z	맏
밧155	받293a	밧90	밧22y	밭
밧다76		밧다45	밧다11z	뱉다
밧다18		밧다8	밧다2z	받다
	볏8d	볏92	볏22z	볕
	붓다361d	붓다41	붓다10z	붙다

		빗다58	빗다14z	빗다
숫110	숫315a	숫62	숫15z	숯
		싯다103	싯다25y	싣다
젓71	젓148a	젓42	젓11y	젖
젓가슴71		젓가슴42	젓가슴11y	젖가슴
		젓니41	젓니10z	젖니
젓다183	젓다387b	젓다103	젓다25y	젖다
		짓다109	짓다26z	짖다
콩풋71	콩풋150d	콩팟43	콩팟11y	콩팥
풋160	풋390a	풋92	풋22z	팥
핫바디92	핫바지329b	핫바지54	핫바지13z	핟바지
핫옷90	핫옷329a	핫옷53	핫옷13z	핟옷
홋더지다43	홋터지다179b	홋터지다27	홋터지다7y	흩어지다
곳96	곳406c	곳56	꼿14y	꽃

부록 8 모음에서 변한 어휘(변하지 않은 것도 한데 들어갔다)

ㄱ

	ᄀᆞ32d	가48	가12z	가
가개35		가개24	가개6z	가게
	ᄀᆞᄂᆞ다152d	가느다88	가느다21z	가늘다
가다127		가다71	가다17z	갈다
	가다203a	가다9	가다3y	가다
가도다133	가도다68c	가도다75	가도다18z	가두다
가락지89	가락지326b	가락지53	가락지13z	가락지
가랑나모224		가랑나모117	가랑마모28y	가랍나무
	ᄀᆞᄅᆞ390	가로64	가로16z	가루
가리뼈71	가리뼈149a	가리뼈42	가리뼈11y	갈비뼈
		가림더104	가림더25y	가름대
가마166		가마95	가마23y	가마
		가맛솔100	가맛솔24y	가마솔
	가믈치444b	가믈치114	가믈치27z	가물치
가슴123	가슴434c	가슴69	가심17y	가슴
가얌111	가얌392d	가얌63	가얌15z	개암
가온대18		가온디8	가온디2ㅋ	가운데
가지163	가지375a	가지94	가지23y	가지
가재217	가재444b	가지115	가지27z	가재
각시님54		각시님33	각시님8z	각시님
간대로109	간대로252a	간더로62	간더로15z	간대로
간사ᄒᆞ다58	간사ᄒ다234a	간ᄉᆞᄒᆞ다35	간ᄉᆞᄒ다9y	간사하다
ᄀᆞᆫ쟝106		간쟝61	간쟝15z	간장
		갈나지다7	갈나지다2z	갈라지다
갈외210	갈외448a	갈외112	갈외27y	가뢰
갈지게192		갈지게106	갈지게25z	갈지게
	갈키295b	갈키100	갈퀴24y	갈퀴

	감다364c	감다27	감다7y	감다
	갑299d	갑79	갑19z	값
갓87	갓375c	갓52	갓13z	갓
	갓거리349c	갓거리99	갓거리24y	갓걸이
갓드르88		갓드르52	갓드르13z	갓도래
갓더우88		갓더우52	갓더우13z	갓대우
갓더우88		갓더우52	갓더우13z	갓대우
	갓모329c	갓모52	갓모13z	갓모
		강낭이92	강나이22z	강낭이, 옥수수
개자리35	개자리40	개자리25	기자리7y	개자리
		거간77	거간19y	거간
		거니려오다48	건어러오다12z	거닐어오다
거두다158	거두다174	거두다91	거두다22z	거두다
		거리22	거리6y	걸이
거림씰14		거림씰6	거림씰2y	갈림길
거믜210		거믜112	거믜27y	거미
거복217	거복445a	거복115	거복27z	거북
거상86	거상85c	거상51	거상13y	거상
거월8	去月19d	거월4	거월1z	거월
거월8	去月19d	거월4	거월1z	거월
거위125	거유430b	거위(蚯蚓)71	거위17z	거시
거유192	거유430b	거유106	거위25z	거위
거즛말58	거즛말233b	거즛말35	거즛말9y	거짓말
		것조	것조	것조
게217	게444d	게115	게27z	게
게으르다58	게으르다231d	게으르다35	게으르다9y	게으르다
겨시다18		겨시다8	겨시다2z	계시다
	겨ᄋ사리403a	겨ᄋ사리117	겨ᄋ스리28y	겨우살이
겨올7	겨올19b	겨올3	겨올1z	겨울
		견치우87	견치우21y	견치우
	결박ᄒ다68d	결박ᄒ다75	결박ᄒ다18z	결박하다

고라니208	고란이425d	고라니111	고라니26z	고라니
고롬125	고롬220d	고롬70	고롬17z	고름
	고래445b	고리114	고리27z	고래
		고만80	고만20y	그만
고사리164	고사리377a	고스리95	고스리23 y	고사리
고올20		고올9	고을3y	고을
	고오다384d	고으다78	고오다19y	고으다
	고집240a	고집35	고집9y	고집
곡식158	곡식389a	곡식91	곡식22y	곡식
		골풀무101	골풀무24z	골풀무
곰207	곰424d	곰111	곰26z	곰
		곰다리94	곰다리23y	곰다래
	곱다152d	곱다45	곱다11z	곱다
곳감110	곳감391d	곳감63	곳감15z	곳감
	공경ᄒ다165b	공경ᄒ다37	공경ᄒ다9z	공경하다
		공단션89	공단션21z	공단선
		공야ᄒ다31	공야ᄒ다8y	공야하다
		공연이39	공연이10y	공연히
과실110	과실391a	과실63	과실15z	과실
관ᄌ88		관ᄌ52	관ᄌ13z	관자
	광대92d	광ᄃ37	광ᄃ9z	광대
	광대뼈146d	광ᄃ뼈40	광ᄃ뼈10z	광대뼈
광쟝이160		광작이92	광작이22z	광저기
광조리170	광조리348c	광조리97	광조리23z	광주리
		구다108	구다26z	굴다
구더기211		구더기112	구더기27z	구데기
구들38	구돌288c	구들25	구들6z	구들
구레나룻69	구레나룻147b	구레나룻41	구레나룻10z	구레나룻
구름5	구룸11d	구룸2	구룸1y	구름
구리145		구리82	구리20y	구리
		구븐길6	구븐길2y	구비길

구소다107		구소다61	구소다15z	그슬다
구은쩍103		구은쩍60	구은쩍15y	구은떡
국슈103	국슈374b	국슈60	국슈15y	국수
굴41	굴27c	굴25	굴7y	굴
굴갓53		굴갓32	굴갓8z	굴갓
굴레181		굴네101	굴네24z	굴레
굴릭48		굴릭29	굴릭7z	굴레
	굵다322a	굵다88	굵다21z	굵다
굼벙이212	굼벙이450b	굼벙이113	굼벙이27y	굼벵이
굽다102	굽다385b	굽다59	굽다15y	굽다
	굽슬굽슬ᄒ다425b	굽슬굽슬하다11	굽슬굽슬ᄒ다26z	굽슬굽슬하다
귀67	귀146b	귀40	귀10z	귀
귀우개89	귀우개339a	귀우개53	귀우개13z	귀이개
	귀ᄒ다144a	귀ᄒ다80	귀ᄒ다20y	귀하다
귤112	귤391d	귤63	귤16y	귤
거머리213	거머리449d	그머리113	거머리27y	거마리
그믈46	그믈303b	그믈28	그믈7z	그물
근대164		근ᄃᆡ95	근ᄃᆡ23y	근대
글게177	글게442a	글긔99	글긔24y	글게
글월22		글월11	글월3z	글월
글픠8		글픠4	글픠1z	글픠
굵다103	굵다359a	굵다59	굵다15y	굵다
금143	금361a	금81	금20y	금
금음8	그믐19c	금음4	금음1z	그믐
	금투구72d	금투구27	금투구7y	금투구
굿그제8		굿그제3	굿그제1z	그그제
긔다82	긔다29d	긔다49	긔다12z	기다
	긔별172d	긔별23	긔별6y	기별
기동35	기동286c	기동24	기동6z	기둥
기름105	기름150a	기름61	기름15y	기름
기오다60	기우다356c	기오다36	기오다9z	기울다

		기와집23	기와집6z	기와집
기음41		기음117	기음28y	기음
기음157	기음293c	기음90	기음22y	기음
기장159	기장389b	기장91	기장22z	기장
기지게78		기지기46	기지개12y	기지개
기춤76		기춤45	기침11z	기침
길14	길263b	길8	길2z	길
김의73		김의43	김의11y	기미
	깁다28c	깁다49	깁다12z	깊다
깃153		깃89	깃21z	깃
	ᄀᆞᄂ다152d	ᄀᆞᄂ다40	ᄀᆞᄂ다10z	가늘다
ᄀᆞ랑비5	ᄀᆞ논비13b	ᄀᆞ랑비2	ᄀᆞ는비1y	가랑비
ᄀᆞ르치다31		ᄀᆞ르치다22	ᄀᆞ르치다6y	가르치다
ᄀᆞ래춤76		ᄀᆞ리춤45	ᄀᆞ리춤11z	가래춤
	ᄀᆞ만이251c	ᄀᆞ만이75	ᄀᆞ만이18z	가만히
ᄀᆞ므다5	ᄀᆞ므다19	ᄀᆞ므다2	ᄀᆞ므다1y	가물다
ᄀᆞ올7	ᄀᆞ올19b	ᄀᆞ올3	ᄀᆞ을1z	가을
ᄀᆞ장10	ᄀᆞ장350d	ᄀᆞ쟝5	ᄀᆞ쟝2y	가장
ᄀᆞᆯ히다129		ᄀᆞᆯ히다73	ᄀᆞᆯ히다18y	가리다
개205	개430a	기109	기26z	개
개다7		기다3	기다1z	개다
		기벼록112	기벼록27y	개벼룩
	기천290a	기천7	기천2z	개천
		깃버들118	깃버들28z	갯버들

ㄴ

나귀204	나귀432a	나귀110	나귀26z	나귀
	나기ᄒᆞ다259a	나기ᄒᆞ다104	나기ᄒᆞ다25y	내기하다
		나라80	나라19z	나라
나모234	나모399c	나모62	나무15z	나무

		나모환100	나무환24z	나무환
나모쥬게168	나무주게96	나무주걱23z	나무주걱	
		나아가다48	나아가다12y	나아가다
낙다47		낙다29	낙다7z	낚다
낙시47	낙시304d	낙시29	낙시7z	낚시
난장이58	난장이154c	난장이35	난장이9y	난쟁이
눌리다188	눌리다24d	날니다104	날니다25y	날리다
	남게30b	남게82	남게20z	나무
남긔버슷165		남긔버셧94	남긔버셧23y	나무버섯
남진117		남진66	남정16z	남편
남편116		남편66	남편16z	남편
낫157	낫295b	낫90	낫22y	낫
나히164	나히377c	낭히93	낭히23y	냉이
	너구리426d	넉우리111	넉우리26z	너구리
널드리30		널드리21	널드리5z	널다리
넘느믈164	넘느믈376c	넘나믈94	넘나믈23y	넘나물
넙덕다리72	넙덕다리148c	넙덕다리43	넙덕다리11y	넙적다리
년어214	년어443d	년어114	년어27z	련어
노로208	노로425c	노로111	노로26z	노루
노룻188	노롬181c	노롯104	노롯25y	노룻
노새204	노새432c	노시108	노시26y	노새
노타30		노타21	노타5z	놓다
	노히다188c	노흐다46	노엽다11z	노엽다
	錄95b	녹19	녹3y	녹
녹다7	녹다23a	녹다3	녹다1z	녹다
녹두162	菉豆390a	녹두93	녹두22z	녹두
논155	논292b	논90	논22y	논
논155	논292b	논90	논22y	논
놀러고기101		놀러고기58	놀루고기14z	노루고기
놈55		놈34	놈9y	놈
놋그릇166		놋그릇9	놋그릇2y	놋그릇

놋주게9		놋주걱23z	놋주걱	
누51	樓264c	누31	누8y	루
누룩100	누룩378d	누룩58	누룩14z	누룩
누른밥99		누른밥57	누른밥14z	누른밥
누리다108	누리다386d	누리다61	누리다15z	누리다
누에146	누에447c	누에82	누에20z	누에
누의들115		누의들66	누의들16z	누의들
눈7	눈14c	눈3	눈1z	눈
눈(眼)66	눈146a	눈36	눈9z	눈
눈망올66	눈망올146a	눈망올40	눈망올10z	눈망울
르릅나모226	느릅나모401c	느릅나모118	느릅나모28z	느릅나무
늙다57	늙다142d	늙다35	늙다9y	늙다
님금111	님금33c	님금63	님금16y	능금
님질126		님질71	님질17z	림질
	느리다200c	느리다11	나리다3z	내리다
느믈165	느믈374d	느믈95	느믈23y	나물
	눌리	눌이1062	눌이25z	날개(나래)
날치56		눌치34	눌치9y	날개
눔62	눔244c	눔372	눔9z	남
너년9	래년19	너년4	너년1z	래년
내다33		너다23	너다6y	내다
너일8	러일20	너일3	너일1z	래일
녕과리110		녕과리62	녕과리15z	냉과리

---- ㄷ ----

		다다103	다다25y	달다(돛~)
다둠다166	다듬다365a	다담다95	다담다23y	다듬다
다둠다97	다듬다365a	다둠다56	다둠다14z	다듬다
		다라미111	다라미27y	다람이(다람쥐)
		다락집24	다락집6z	다락집

	다리148d	다리70	다리17z	다리(腿)
다목226		다목118	다목28z	다목
	다시258c	다시90	다시22y	다시
다시다76		다시다45	다시다11z	다시다
		다스리다46	다스리다12y	다사하다
닥다96	닥다362a	닥다56	닥다14y	닦다
단154	단339c	단89	단22y	단
	단장337a	단쟝57	단쟝14z	단장
	단쵸330b	단츄54	단츄13z	단추
		달다31	달다8y	달다
		달리93	달리22z	달래
	달호다357b	달오다24	달오다6z	달구다
	달호다359b	달호다101	달호다24z	달호다
	달호다359c	달히다72	달히다17z	달이다
	담289c	담25	담6z	담
	담비398a	담비78	담비19y	담배
	담비ㅅ대349b	담빗대78	담빗대19y	담배대
답답ㅎ다77	답답ㅎ다186a	답답ㅎ다45	답답ㅎ다11z	답답하다
더덕165	더덕377c	더덕94	더덕23y	더덕
더덩이125	더덩이220b	더덩이70	더덩이17z	더뎅이(더데)
		더러이다55	더러이다14y	더럽히다
	더럽다238a	더럽다57	더럽다14z	더럽다
	더이다385b	더이다68	더이다16z	데우다
	덥히다336a	더피다39	더피다10z	덮이다
	더ㅎ다351c	더ㅎ다68	더ㅎ다17y	더하다
	덜렁이다436a	덜넝이다108	덜넝이다26y	덜렁이다
	덤벙이다190d	덤벙이다46	덤벙이다11z	덤벙이다
덥다12	덥다384b	덥다5	덥다2y	덥다
		데다61	데다15z	데다
		도관100	도관24z	도관
		도금ㅎ다101	도금ㅎ다24z	도금ㅎ다

도로래211	도로래448c	도로리112	도로리27y	도루래
		도비ᄒ다25	도비ᄒ다6z	도배하다
도섭ᄒ다57		도섭ᄒ다34	도섭ᄒ다9y	도섭하다
도적133	도적214c	도적75	도격18z	도적
독사214		독ᄉ113	독ᄉ27y	독사
돈피207	돈피328c	돈피111	돈피26z	돈피
	돌27d	돌62	돌15z	돌
돌ᄃ리30		돌ᄃ리21	돌ᄃ리5z	돌다리
돗다3	돗다9	돗다1	돗다1y	돋다
	돗희삿기429d	돗희삿기109	돗희삿기26y	돼지새끼
동무137	동모299c	동무77	동무19y	동무
동정153		동졍89	동졍21z	동정
	동트다8	동트다5	동트다2y	동트다
동화162	동화375a	동화94	동화23y	동아
되다50	되다301d	되다30	되다8y	되다(곡식~)
	되다248d	되다9	되다3y	되다(차례~)
된서리6		된서리3	된서리1y	된서리
		된쟝61	된쟝15z	된장
두더쥐207	두더쥐427c	두더지110	두더지26z	두더지
두부104	豆腐376a	두부60	두부15y	두부
	둘105d	둘29	둘8y	둘
둘읍164	두릅398b	둘읍95	둘읍23y	두릅
	둥우리441d	둥우리106	둥우리25z	둥우리
	뒤15	뒤2	뒤1y	뒤
		뒤지다28	뒤지다7z	뒤지다
		뒤집다55	뒤집다14y	뒤집다
뒷간39		뒷간25	뒷간6z	뒤간
뒤쟈락153		뒷자락88	뒷자락21z	뒤자락
	뒤치다291c	뒷치다104	뒷치다25y	뒤치다
	드다126c	드다47	드다12y	들다
	드듸다200a	드듸다29	드듸다7z	디디다

드레169		드레97	드레23z	드레
드리다28		드리다20	드리다5z	드리다
들기름105		들기름61	들기름15y	들기름
		들이다20	들이다5z	들이다
	들짐싱373d	들짐싱61	들짐싱15z	들짐승
둥71	둥148b	둥42	둥11y	둥
드다107	드다386b	드다61	드다15z	달다
드리다42	다리다116d	드릐다26	드릐다7y	당기다
드리30	드리263d	드리21	드리5z	다리
둘3	둘9b	둘1	둘1y	달
둘리다42		둘리다26	둘리다7y	달리다
둙190	둙430b	둙106	둙25z	닭
	디25c	디7	디2z	데(불완전명사)
	다갈440d	디갈102	디갈24z	대갈
		디골39	디골10z	대골
	대뮐ㅅ셩262a	디궐셩8	디궐셩3y	대궐성
디긱118		디긱67	디긱16z	대객
디답83	디답170b	디답49	디답12z	대답
대쟝40		디쟝25	디쟝7y	대장(철공)
		디졉96	디졉23z	대접
디졉ᄒ다55		디졉ᄒ다33	디졉ᄒ다8z	대접하다
디파176	디파405d	디파99	디픠24y	대패

ㄹ

라발41		라발26	라발7y	나팔
	례58c	례31	례8y	례
롱어216	롱어445b	롱어115	롱어27z	롱어

ㅁ

마165	마376c	마94	마23y	마

마눌162	마눌377d	마눌93	마눌23y	마늘
	마당질292b	마당질91	마당질22y	마당질
ᄆᆞᄅ35	마루288d	마루24	마루6z	마루
	ᄆᆞᄅ다240d	마르다46	마르다12y	마르다(목~)
마리56	마리336d	마리34	마리9y	머리
		마리럭39	머리털10z	머리털
마샹이182	마샹이367c	마샹이102	마샹이24z	매상이
	마조116d	마조2	마조1y	마주
마초다80	마초다193d	마초다47	마초다12y	맞추다
마함181	마함134a	마함101	마함24z	마함
막ᄃᆞᄅ다14		막ᄃᆞᄅ다7	막ᄃᆞᄅ다2z	막다르다
	饅頭380d	만두60	만두15y	만두
	만타350c	만타2	만타1y	많다
만히7	만히297a	만히3	만히1z	많이
	말189d	말31	말8y	말(話)
말리다132		말리다75	말리다18z	말리다
	몰벌448d	말벌113	말벌27y	말벌
말삭50		말삭30	몰삭8y	말삭
	마름쇠111b	말음쇠28	말음쇠7z	마름쇠
말암112	마름393c	말옴64	말옴16y	마름
망긴88	網巾456c	망긴52	망건13z	망건
매46	매415c	매28	매7z	매
	매121c	매97	매23z	매
머괴나모225	머귀나모400a	머귀나모118	머귀나모28z	멀구나무
머다59	머다264a	머다36	머다9z	멀다(눈~)
머무다49	머무다207b	머므다30	머믄다8y	머물다
	먹103b	먹22	먹6y	먹
	먹다381d	먹다36	먹다9z	먹다(귀~)
먹음다109	먹음다381d	먹음다62	먹음다15y	머금다
	먹줄352a	먹줄100	머줄24z	먹줄
	멀리200d	멀니108	멀니26y	멀리

	메다297b	메다48	메다12z	메다
	메오다370d	메오다8	메오다2z	메우다
	메오다361d	메우다104	메우다25y	메우다
며느리84	며느리140d	며누리50	며누리13y	며느리
며느리116	며느리140d	며느리66	며느리16z	며느리
멱134	멱66d	멱75	멱18z	멱
명치71	명치148b	명치42	명치11y	명치
메다77	메다358d	메다45	메다11z	메다
모긔212	모긔449c	모긔113	모긔27y	모기
모릭8	모릭20	모릭3	모릭1z	모래
		모조리73	모조리18y	모조리
목60	목184a	목36	목9z	목
	목쉬다193c	목쉬다45	목쉬다11z	목쉬다
목욕97	목욕339a	목욕56	목욕14z	목욕
	몬겨17c	몬겨62	몬겨15z	먼저
	몬지237c	몬지8	몬지2z	먼지
몸65	몸145b	몸39	몸10y	몸
몸채34		몸치23	몸치6z	몸채
	못246d	못27	못7y	못(부사)
	무드다230b	무되다22	무되다6y	무디다
	무드다230b	무뒤다47	무뒤다12y	무디다
무른밥99		무른밥57	무른밥14z	무른밥
무릅72	무릅434d	무릅43	무릅11y	무릎
므서리6		무서리3	무서리1z	무서리
무술100		무술58	무술14z	무술(水酒)
무우162	무우375b	무우93	무우22z	무우
문어214	문어446a	문어114	문어27z	문어
	믈16c	믈21	믈5z	믈
		물구븨7	물구븨2z	물구비
	믈리다383b	믈니다62	믈이다15z	물리다
물통169	믈통347c	물통97	물통23z	물통

		뮈워ᄒ다38	뮈워ᄒ다10y	미워하다
므지게4	무지게14	므지게1	무지기1y	무지개
믈그다100		믈그다58	믈그다14z	멀겋다
	믈러가다72b	믈러나다9	믈러나다3y	물러나다
믈레178	믈레326b	믈레100	믈레24y	물레
믈리다133	믈리다383b	믈리다75	믈리다18z	물리다
믌거품6	믈거품30	믌거품2	물거품1y	물거품
미나리162		미나리93	미나리22z	미나리
미시104	미시379c	미시60	미시15y	미시
미치다60	미치다215c	미치다69	미치다17z	미치다
미친개205		미친기109	미친개26z	미친개
미혹ᄒ다96		미혹ᄒ다34	미혹ᄒ다9y	미욱하다
		민믈7	민믈2z	민물
밀159	밀389d	밀91	밀22z	밀
밀기울160		밀기울92	밀기울22z	밀기울
		밉다34	밉다9y	밉다
	ᄆᄅ다339b	ᄆᄅ다22	ᄆᄅ다6y	마르다(裁)
ᄆᅀᆷ77	ᄆᅀᆷ213d	ᄆᅀᆷ46	ᄆᅀᆷ11z	마음
ᄆᆯ40	ᄆᆯ431b	ᄆᆯ26	ᄆᆯ7y	말
ᄆᆯ구유40		ᄆᆯ구유25	ᄆᆯ구유6z	말구유
		ᄆᆯ콩29	ᄆᆯ콩7z	말콩
ᄆᆡ다156		ᄆᆡ다90	ᄆᆡ다22y	매다
ᄆᆡ야지199	ᄆᆡ야지432d	ᄆᆡ야지108	ᄆᆡ야지26y	망아지
	梅花406c	ᄆᆡ화85	ᄆᆡ화21y	매화
ᄆᆡᆨ128	ᄆᆡᆨ257a	ᄆᆡᆨ72	ᄆᆡᆨ17z	맥
	ᄆᆡᆫ249d	ᄆᆡᆫ58	ᄆᆡᆫ14z	맨(접사)
ᄆᆡᆸ다108	ᄆᆡᆸ다386d	ᄆᆡᆸ다61	ᄆᆡᆸ다15z	맵다

ㅂ

	바늘309c	바늘89	바늘22y	바늘

바독189	바독259d	바둑105	바둑25z	바둑
바리53	바라89a	바라32	바라8z	바라(~티다)
	브라보다171a	바라보다47	바라보다12y	바라보다
바르다14	바르다200c	바르다6	바르다2y	바르다
바조39	바즈289d	바자25	바자6z	바자
박163	박375b	박94	박23y	박
		박쥐106	박쥐25z	박쥐
박회212	박회447d	박회113	박회27y	바퀴
		박휘살104	박휘살25y	바퀴살
반당이37		반당이115	반당이27z	밴당이
반되210	반되449b	반되112	반되26y	반디
		반지79	반지19z	반지(半指)
발179	발290b	발100	발24y	발
	발148d	발49	발12z	발(脚)
발괄ᄒ다131		발괄ᄒ다74	발괄ᄒ다18y	발괄하다
		발니다79	발니다19z	발내다
		발인ᄒ다51	발인ᄒ다13z	발인하다
밤111	밤21a	밤63	밤15z	밤
밥99	밥371c	밥57	밥14z	밥
밥플99		밥풀58	밥풀14z	밥풀
방34	房10b	방23	방6z	방
방마치172	방마치311b	방마치98	방망니23z	방망이
방하173	방하295d	방아98	방아24y	방아
		방춧돌98	방춧돌23z	방추돌
뱌븨다79		뱌븨다47	뱌븨다12y	비비다
버금20		버금9	버금3y	버금
버들169	버들404d	버들97	버들23z	버들
버들나모227	버들나모401c	버들나모118	버들나모28z	버드나무
버리다119	버리다109c	버리다67	버리다16z	벌리다
		버션54	버션13z	버선
버좀125	버즘219c	버즘70	버즘17z	버짐

번게5	번게12d	번게2	번긔1y	번개
벌212	벌448d	벌113	벌27y	벌
범207	범424c	범107	범26y	범
벗기다48		벗기다29	벗기다7z	벗기다(옷~)
벗다86	벗다335d	벗다51	벗다13y	벗다
벙어리59	벙어리222b	벙어리36	벙어리9z	벙어리
벙웃거리다80		벙웃거리다48	벙긋거리다12y	벙긋거리다
벼159	벼395d	벼91	벼22z	벼
벼개172	벼개336a	벼기98	벼기23z	벼개
벼룩211	벼룩450a	벼룩112	벼룩27y	벼룩
벼술27	벼술55d	벼술19	벼술5y	벼슬
변시104	변시380b	변시60	변시15y	밴새
변ᄒ다80		변ᄒ다47	변ᄒ다12y	변하다
별4	별11d	별1	별1y	별
병122	병215a	병69	병17y	병
		병작ᄒ다91	병작ᄒ다22y	병작하다
		보24	보6z	보(大樑)
보171		보97	보23z	보
	보내다203c	보ᄂ다19	보ᄂ다3y	보내다
	보다171a	보다34	보다9y	보다(책~)
보롬8	보롬20d	보롬4	보롬1z	보름
보리159	보리389d	보리91	보리22z	보리
보십놀156	보십놀294d	보십날90	보십놀22y	보습날
	복445d	복115	복27z	복
		복눌5	복눌2y	복날
복다102	복다385c	복다59	복다15y	볶다
복쇼와112	복쇼아391a	복쇼와63	복쇼와16y	복숭아
볼기72		볼기43	볼기11y	볼기
봄7	봄19a	봄3	봄1z	봄
	봇404d	봇27	봇7y	봇(樺)
뵈147	뵈321d	뵈87	뵈21z	베

	뵈다171b	뵈다9	뵈다3y	뵈다
뵈틀147		뵈틀83	베틀20z	베틀
	부나븨449b	부납이113	부납이27y	부나비
	브다15	부다1	부다1y	불다
부다41		부다26	부다7y	불다(吹)
부들221	부들397a	부들117	부들28y	부들
	부들주지397a	부들주지117	부들주지28y	부들주지
브르다83	브르다172b	부르다48	부르다12y	부르다
부리60	부리346d	부리36	부리9z	부리(입)
	부리다65b	부리다103	부리다25y	부리다(짐~)
부쇠177	부쇠316d	부쇠99	부쇠24y	부시
붕어216	부어444a	부어114	부어27z	붕어
부치162	부치375d	부치93	부치22z	부추
북53		북31	북8y	북
블에218	부레446c	불에115	불에27z	부레
	붓103a	붓22	붓6y	붓
	붓나모402c	붓나모119	빗나모28z	붓나무
		붓다68	붓다17y	붓다
븨170	뷔389c	뷔97	뷔23z	비
블12	블317c	블6	불2y	불
		붓키다46	불키다12y	붉히다
븨다158	베다335d	븨다91	븨다22y	베다
븨트다95		븨트다55	븨트다14y	비틀다
비5	비13d	비2	비1y	비
		비금107	비금26y	비금
비늘103	비눌446c	비눌59	비눌15y	비늘
	비단388a	비단83	비단20z	비단
비돌기192	비들기417d	비돌기106	비돌기25z	비둘기
비름164	비름377b	비름93	비름23y	비름
비리다108		비리다61	비리다15z	비리다
비비다79		비비다47	부비다12y	부비다

		비지60	비지15y	비지
빈대212	빈대450a	빈디113	빈디27y	빈대
빈대좀212		빈디좀113	빈디좀27y	빈대좀
	빈혀338a	빈혀53	빈혀13z	비녀
빗다96	빗다291b	빗다56	빗다14y	빗다(머리~)
빙소85		빙소51	빈소13y	빈소
브디집147	브디집362a	브디집83	브디집20z	바대집
브람5	브람15b	브람1	브람1y	바람
브르다97	브르다177d	브르다25	바르다6z	바르다
붉다3	붉다21b	붉다1	밝다1y	밝다
비71	비367a	비42	비11y	배
비123	비148b	비69	배17y	배
	비다241b	비다109	비다26z	배다
비호다31		비오다22	비오다6y	배우다
비치161	비치375C	비치93	비치22z	배추
빅댱61		빅댱37	빅댱9z	백정
비어215		빅어115	빅어27z	뱅어

ㅅ

사다137	사다206d	사다77	사다19y	사다
사돈84	사돈142b	사돈50	사돈13y	사둔
사롬47	사롬135c	사롬29	사롬7z	사람
사슬134		사슬75	사슬18z	사슬
사슴101	사슴119a	사슴58	사슴14z	사슴
사회54	사회142a	사위33	사위8z	사위
사탕104		사탕60	사탕15y	사탕
삭갑50		삭갑30	삭갑8y	삭값
산영46	산힝120d	산영28	산영7z	사냥
산장어46		산장어28	산장어7z	산장어
		살옥이다109	살옥이다26z	살옥이다

		삼티100	삼티24y	삼태
삿갓88		삿갓52	삿갓13z	삿갓
샹어215		샹어114	샹어27z	상어
샹자170		샹ᄌᆞ97	샹ᄌᆞ23z	상자
새별4		새별1	새별1y	새별
샤마괴73	샤마괴152b	샤마괴43	샤마괴11y	사마귀
		샨양기109	샨양기26y	사냥개
샹119	샹343b	샹67	샹16z	상
샹재53		샹재31	샹재8z	상재
서늘ᄒᆞ다12	서늘ᄒᆞ다21d	서늘ᄒᆞ다5	서늘ᄒᆞ다2y	서늘하다
서리6	서리14c	서리2	셔리1y	서리
셔다18	셔다198d	셔다9	셔다3y	서다
셔방84		셔방50	셔방13y	서방
셔피209	셔피333b	셔피111	셔피27y	서피
션비32	션비136a	션비22	션비6y	선비
	셜합342a	셜합100	셜합24y	서랍
셥90		셥53	셥13z	섭
셥셥ᄒᆞ다56		셥셥ᄒᆞ다34	셥셥ᄒᆞ다9y	섭섭하다
셩내다78	셩내다185d	셩닉다46	셩닉다12y	성내다
셩악ᄒᆞ다58		셩악ᄒᆞ다35	셩악ᄒᆞ다9y	성악하다
		셰우다80	셰우다20y	세우다
쇼202	쇼440d	소110	소26z	소
스매153	스매327d	소미89	소미21z	소매
	스매밋동329d	소미밋동89	소미밋동21z	소매밑동
		소밋부리89	소밋부리21z	소매부리
		소반96	소반23z	소반
소삿기203		소삿기110	소삿기26z	소새끼
쇼시랑157		소시랑90	소시랑22y	쇠스랑
	속새397b	속시117	속시28y	속새
손80	손147d	손47	손12y	손
손118	손147d	손67	손16z	손

손가락134	손가락222d	손가락75	손가락18z	손가락
손목70	손목182a	손목41	손목10z	손목
솔방울224		솔방울118	솔방울28y	솔방울
솔외53	소라445a	솔외32	솔외8z	소라(~불다)
송곳176	송곳309d	송곳99	송곳24y	송곳
송시175		송진99	송진24y	송진
		쇠기다335	쇠기다9y	쇠기다
쇠나기5	驟雨13	쇠나기2	쇠낙비1y	소낙비
쇠마치177		쇠마치99	쇠마치24y	쇠망치
쇠북51	쇠북31	쇠북8y	쇠북	
소나모224	소나모399C	쇼나모118	쇼나모28y	소나무
쇼로기195	쇼로기415b	쇼로기107	쇼로기26y	소로기
		숏디105	숏디25y	솟대
	송ᄉᆞᄒ다67b	송사ᄒ다74	송ᄉᆞᄒ다18z	송사하다
		쇠고기58	쇠고기15y	소고기
		수73	수18y	수(數)
수개205	수개430a	수기109	수기26z	수캐
수나귀204		수나귀110	수나귀26z	수나귀
수돍190	수돍196d	수돍106	수돍25z	수탉
술위185	술위369d	수레105	수레25y	수레
	수믈432c	수믈108	수말26y	수말
수양206	수양429c	수양109	수양26z	수양
술100	술378c	술58	술14z	술(酒)
술대야170		술디야97	술디야23z	술대야
술준167	술잔84c	술잔96	술잔23z	술잔
		숨쉬다45	숨쉬다11z	숨쉬다
숨통69	숨통147c	숨통41	숨통10z	숨통
쉬213	쉬450a	쉬113	쉬27y	쉬
쉰밥99		쉰밥57	쉰밥14z	쉰밥
숫구무65	숫구무149a	숫구무39	숫구멍10z	숫구멍
숫무우162	숫무우375c	숫무우93	숫무우23y	순무우

슈박112	슈박393d	슈박64	슈박16y	슈박
슈슈159	슈슈389c	슈슈92	슈슈22z	수수
슈슛대161		슈슈디92	슈슈디22z	수수대
		슈양어미67	슈양어미16z	수양어미
鬚髥59		슈염35	슈염9y	수염
슈져비103		슈져비60	슈져비15y	수제비
		슉ᄉ88	슉ᄉ21z	숙사
스믜나모226	스믜나모401c	스믜나모118	스믜나모28z	스무나무
	스믜다318c	스믜다22	스믜다6y	스미다
스숭31	스숭136a	스숭21	스숭6y	스숭
습겁다108		습겁다61	습겁다15z	싱겁다
숫다40	숫다339c	숫다25	숫다6z	쏫다
	승새322a	승싀88	승싀21z	승새
승아164	승아377d	승아94	승아23y	승아
		싀누의66	시누의16z	시누이
싀다108	싀다386c	싀다61	싀다15z	시다
		시가79	시가19z	시가
시ᄅ169	시르345d	시루97	시루23z	시루
		시원ᄒ다5	시원ᄒ다2y	시원하다
		시작79	시작19z	시작
		시즐이다49	시즐이다12z	시즐이다
	식다384b	식다63	식다15z	식다
	식셔321d	식셔89	식셔21z	식셔
식칼175	식칼346b	식칼99	식칼24y	식칼
		식히다105	식히다25z	시키다
	신332b	신79	신19z	신
싱긔견45		신긔젼27	신긔젼7y	神機箭
신나모224	싯나모401b	신나모117	신나모28y	신나무
신다93		신ᄍ54	신ᄍ14y	신다
		신트림45	신트림11z	신트림
		실면화88	실면화21z	실면화

실미둡147		실미둡83	실미딥20z	실매듭
실홈187	실홈116c	실홈104	실홈254	씨름
싯다96	싯다240c	싯다56	씻다14y	씻다
사공183	사공137a	ᄉ공103	ᄉ공25y	사공
		ᄉ랑23	ᄉ랑6z	사랑
		ᄉ면발이114	ᄉ면발이27z	사면발이
사슴208	사슴425b	ᄉ삼111	ᄉ슴26z	사슴
ᄉ족빅198	ᄉ족빅434d	ᄉ족빅107	ᄉ족빅26y	사족백
술고111	술고391b	술고63	술고16y	살구
술찌다59	술지다439c	술찌다35	술찌다9z	살지다
	술오다317a	술오다20	술오다5z	살구다
숨찌다109	숨키다382a	숨찌다62	숨키다15z	삼키다
새매194	새매415d	시미106	시미25z	새매
새오217	새요444d	시오115	시오27z	새우
		싱기다34	싱기다9y	생기다
		싱치93	싱치23y	상추
싱포215		싱포114	싱포27z	생포

○

아가외112	아가외392c	아가외64	아가외16y	아가위
아기비다74		아기비다44	아기비다11y	아기배다
	아다163b	아다34	아다9y	알다
아랫동153		아리동88	아리동21z	아래동
		아리턱41	아리턱10z	아래턱
아비62		아비37	아비9z	애비
		아사가다74	아사가다18y	앗아가다
	아옥375c	아옥93	아옥22z	아욱
아이다131		아이다74	아이다18y	앗기다
아ᄋ115	아ᄋ140c	아ᄋ66	아ᄋ16z	아우
아츰10		아츰5	아츰2y	아침

아희75	아히216a	아회44	아희11z	아이
안갑181		안갑102	안갑24z	안장
안개6	안개12c	안개2	안기1y	안개
안셕172		안식98	안식23z	안식
	아니216b	안이39	안이10y	아니
안쟈락153	안쟈락330a	안자락88	안자락21z	안자락
안쥬121	안쥬378b	안쥬68	안쥬17y	안주
안희54	안희140b	안희33	안희8z	안해
알218	알430d	알115	알27z	알
	알외다64a	알외다10	알외다3y	아뢰다
알타122		알타69	알타17y	앓다
알프다122	알프다216d	알프다69	알프다17y	아프다
	앏33a	앏48	압12y	앞
압쟈락153		앏자락88	앏자락21z	앞자락
암개205	암개430a	암기109	암기26z	암캐
암나귀204		암나귀108	암나귀26y	암나귀
암노새204		암노시108	암노시26y	암노새
암둙190	암둙196d	암둙106	암둙25z	암탉
암쇼202	암쇼440d	암소110	암소26z	암소
암양206	암양429c	암양109	암양26z	암양
약127	약437d	약71	약17z	약
		약지79	약지19z	약재
		약ᄒ다47	약ᄒ다12y	약하다
		양미간39	양미간10z	량미간
	어긔다214a	어긔다7	어긔다2z	어기다
	어다22c	어다8	어다2z	얼다
	어듭다8b	어듭다69	어듭다17y	어둡다
어루러기125		어루러기70	어루러기17z	어루러기
	어룽몰434b	어룽몰107	어룽말26y	어룽말
어룽쇼202	어룽쇼441a	어룽소110	어룽소26z	얼럭소
	어른250b	어른37	어른9z	어른

어름16	어름22a	어름8	어름2z	얼음
		어름덩이8	어름덩이2z	얼음덩이
어미62		어미37	어미9z	어미(에미)
어제7	어제20c	어제3	어제1z	어제
		어탑9	어탑3y	어탑
얼에빗179	어리빗338a	얼에빗100	얼에빗24y	얼게빗
업다59	업다182c	업다35	업다9z	없다
여다29	여다290b	여다21	여다5z	열다
	여믈442c	여물110	여물26z	여물
	여위다439c	여위다36	여위다9z	여위다
여으208	여으426c	여으111	여후26z	여우
	연261a	연104	연25y	연
연ᄒ다102	연ᄒ다382c	연ᄒ다59	연ᄒ다15y	연하다
열셤13c		열셤73	열셤18y	열섬
엵쇠29	열쇠342b	엵쇠21	엵쇠5z	열쇠
염소206	염쇼429c	염소109	염소26z	염소
넘통102	넘통150b	염퉁58	염퉁15y	염통
		엽자금81	엽자금20y	엽자금
	엿381b	엿77	엿19y	엿
오늘7	오늘20c	오늘3	오늘1z	오늘
	오다203b	오다2	오다1y	오다
	오리350b	오리106	오리25	오리
		오리나모118	오리나모28y	오리나무
올리다44		올리다27	올리다7y	올리다
옴124	옴219c	옴70	옴17z	옴
	옷안329d	옷안89	옷안21z	옷안
외나모ᄃ리30	외나모ᄃ리264a	외나모ᄃ리21	외나모ᄃ리5z	외나무다리
외얏111	외얏391c	외얏63	외얏16y	오얏
외오다31		외오다22	외오다6y	외우다
	온밤21b	왼밤5	왼밤2y	온밤
윗속163		윗속94	윗속23y	웝속

		요강100	요강24y	뇨강
우리40		우리25	우리6z	우리(圈)
우리5	우레12d	우리2	우뇌1y	우뢰
우목ᄒ다14	우묵ᄒ다25b	우묵ᄒ다7	우묵ᄒ다2z	우묵하다
		운다47	운다12y	운다
웃동153		웃동88	웃동21z	웃통
	원망ᄒ다185c	원망ᄒ다46	원망ᄒ다12y	원망하다
		위ᄒ다31	위ᄒ다8y	위하다
		융사88	융사21z	융사
은143	銀311d	은81	은20y	은
은구어216		은구어115	은구어27z	銀口魚
은힝111	銀杏393a	은힝63	은힝15z	은행
	음식382d	음식62	음식15z	음식
		의젼78	의젼19y	의젼
		이30	이8y	이(불완전명사)
이8	이19d	이4	이1z	이(대명사)
이다98	이다297c	이다57	이다14z	일다(쌀~)
	이른다20d	이른다5	이른다2y	이르다
이슬6	이슬14b	이슬2	이슬1y	이슬
일20	일59b	일10	일3y	일
	일타214d	일타30	일타8y	잃다
	일홈168c	일홈80	일홈20y	이름
일히207	일희425d	일히111	일히26z	이리
입63	입146d	입40	입10z	입
	입아귀146d	입아귀40	입아귀10z	입아귀
	잇다206d	잇다35	잇다9y	있다
	잉ᄋ326a	잉아83	잉아20z	잉아
앓니68	앏니147a	옳니41	ᄋ니10z	앏니

ㅈ

자다34	자다205b	자다49	자다12z	자다
쟈른171	쟈른348b	자로97	자루23z	자루
자리49	자리198c	자리29	자리8y	자리
	ᄌᆞ라다178a	자른다110	자른다26z	자라다
쟉도175	쟉도442a	작도99	작도24y	작두
		잔나비111	잔나비26z	잰내비
즌누비155	즌누비340b	잔누비89	잔누비22y	잔누비
즌자리210	즌자리448c	잔자리112	잔자리27y	잠자리
쟘불몰198		잠불몰108	잠불말26y	잠불말
		잡아오다75	잡아오다18z	잡아오다
잣나모224	잣나모399c	잣나모117	잣나모28y	잣나무
	잣송이394b	잣송이118	잣송이28z	잣송이
쟝긔189	쟝긔259d	장긔105	쟝긔25z	장기
		장물76	장물18z	장물
쟈라216	쟈라445a	쟈라115	자라27z	자라
ᄌᆞ른다136	ᄌᆞ른다359d	쟈르다76	자르다19y	자르다
	쟝336b	쟝77	쟝19y	장
	쟝막431a	쟝막28	쟝막7z	장막
		쟝ᄉᆞ79	장ᄉᆞ19z	장사
저구리91		져고리53	져고리13z	저고리
	져녁21a	져녁5	져녁2y	저녁
저다60	저다440c	져다36	져다9z	절다
	저리다218a	져리다71	져리다17z	저리다
져비195	져비419a	져비107	졔비26y	제비
	져울300d	져울98	져울24y	저울
		져울축80	져울축19z	저울축
	져울츄300d	져울츄98	져울추241	저울추
져조다135		져조다76	져죠다18z	조지다
	젹다353c	젹다4	젹다1z	적다(小)
		젹몰ᄒᆞ다76	젹몰ᄒᆞ다18z	적몰하다

격삼90	격삼329a	격슴53	격슴13z	적삼
		격이105	격이25z	제기
젼갈214	젼갈449a	젼갈113	젼갈27y	젼갈
젼위45		젼위19	젼위5y	젼위
졈129	졈97b	졈72	졈18y	졈
졈다74	졈다143d	졂다43	졂다11y	졂다
젓나모224		젓나모118	젓나모28y	전나무
	졍ᄒ다366b	졍ᄒ다79	졍ᄒ다19z	졍하다
죠개215	죠개444d	조기115	조기27z	조개
		좀것80	좀것19z	좀것
좌션ᄒ다51		좌션ᄒ다31	좌션ᄒ다8y	좌션하다
朝會18		죠회8	조회2z	조회
	죠희365b	죠희22	죠희6y	종이
죵아리72	죵아리148d	죵아리43	죵아리11y	종아리
	주다174b	주다80	주다19z	주다
죽다53	죽다85d	죽다32	죽다8z	죽다
	줄98d	줄105	줄25z	줄
		줄글22	줄글6y	줄글
		즁디졉96	즁디졉23z	중대졉
	쥐427c	쥐110	쥐26z	쥐
쥐며ᄂ리213		쥐며나리113	쥐며나리27y	쥐며느리
	주다174b	쥬다103	쥬다25y	주다
쥬량120		쥬량68	쥬량17y	주량
쥬뢰134	쥬릐68d	쥬릐76	쥬릐18z	주리
	주머니331b	쥬머니79	쥬머니19z	주머니
쥬부코60	쥬부코222c	쥬부코36	쥬부코9z	주부코
쥭100	쥭371c	쥭58	쥭14z	죽
	즁238a	즁31	즁8y	즁
즈다14	즈다137a	즈다7	즈다2z	즐다
즈름길13	즈름길264a	즈름길6	즈렝길2y	지름길
	죽엄112c	즉엄51	즉엄13y	주검

즌길14		즌길6	즌길2y	진길
즘싱46	즘싱432c	즘싱28	즘싱7z	짐승
증편103		증편59	증편15y	증편
	지다9	지다2	지다1y	지다
		지져귀다46	지져귀다11z	지저귀다
진둘러219		진달늬116	진달늬28y	진달래
진에211	진에449a	진에112	진에27y	지네
질긔다102	질긔다354a	질기다59	질기다15y	질기다
		질으다48	질으다12z	질으다
집34	집285d	집23	집6z	집
	집소솔139b	집소솔67	집소솔16z	집식솔
짓다31		짓다22	짓다6y	짓다
ᄌᄅ북138		ᄌ로북79	ᄌ로북19z	자루북
ᄌ류마198		ᄌ류마107	ᄌ류마26y	자류마
ᄌ무다29	ᄌ므다290d	ᄌ무다20	ᄌ무다5z	잠그다
ᄌ믔쇠29	잠을쇠342b	ᄌ믔쇠21	ᄌ믔쇠5z	자물쇠
	ᄌ식140d	ᄌ식44	ᄌ식11y	자식
ᄌ애169		ᄌ애97	ᄌ애23z	자새
ᄌ칙움76	ᄌ칙움216c	ᄌ칙음45	지치기11z	재채기
	즌말ᄒ다192a	즌말ᄒ다35	즌말ᄒ다9y	잔말하다
	즌허리148c	즌허리42	즌허리11y	잔허리
	줌205a	줌49	줌12z	잠
재강100	지강378d	지강58	지강14z	재강

ㅊ

	차385a	차67	차16z	차(茶)
차하ᄒ다50		차하ᄒ다30	차하ᄒ다8y	차하하다(곡식)
	춤나모버슷376c	참나무버섯94	참나무버섯23y	참나무버섯
춤ᄂ믈164		참ᄂ믈95	참ᄂ믈23y	참나물
춤빗179	춤빗338b	참빗100	참빗24y	참빗

춤새195	춤새419d	참시107	참시26y	참새
춤외163		참외94	참외23y	참외
찻반(下13)		찻반96	찻반23z	차반
		체36	체9z	체(불)
	처141d	처65	처16y	처
첩54	훗140b	첩33	첩8z	첩
첫줌(下2)		첫잠82	첫잠20z	첫잠
첫히8		첫히4	첫히1z	첫해
청흐다118	청흐다80d	청흐다67	청흐다16z	청하다
초싱8	초싱19	초싱4	초싱1z	초생
	쵸316a	쵸78	쵸19z	초
	총127c	총28	총7z	총
축축흐다16		축축흐다8	축축흐다2z	축축하다
	춤151b	춤45	춤11z	춤
츄마물198	츄마몰433d	츄마몰107	츄마말26y	추마말
측빅224	측빅399d	측빅118	측빅28y	측백
	치다69d	치다28	치다7z	치다(打)
치마92	치마329b	치마54	치마13z	치마
치위12	치위22	치위5	치위2y	추위
	치질219d	치질70	치질17z	치질
	침치378b	침치60	침치15y	김치
칩다12	칩다21	칩다5	칩다2y	춥다
츠다74	츠다337a	츠다44	츠다11z	차다
		츠례9	츠례3y	차례
		츠박휘104	츠박휘25y	차박퀴
츠조기162		츠조기93	츠조기23y	차조기
	출것389c	출것92	출것22z	찰것
춤기름105		춤기름61	춤기름15y	참기름
춤다78		춤다46	춤다12y	참다
춤비63		춤비15z	참배	
치소104		치소60	치소15y	채소

		치우다80	치우다19z	채우다
	칙95d	칙78	칙19y	책

ㅋ

칼175	칼126a	칼99	칼24y	칼
	칼집126d	칼집99	칼집24y	칼집
칼ᄌᄅ175	칼ᄌᄅ126d	칼ᄌᄅ99	칼ᄌ로24y	칼자루
코60	코146c	코36	코9z	코
콩160		콩92	콩22z	콩
	크다353b	크다35	크다9y	크다
큰길13		큰길6	큰길2y	큰길
		큰들6	큰들2y	큰들
큰비182		큰비102	큰비24z	큰배
킈59	킈154c	킈35	킈9y	킈
키170	키296a	키97	키23z	키
키다165	키다296c	키다95	키다23y	캐다

ㅌ

		타다105	타다25z	타다(기차를~)
		탑31	탑8y	탑
		탕구ᄌ96	탕구ᄌ23z	탕구자
	털435b	털110	털26z	털
토란162	토런376d	토란93	토란23y	토란
		토ᄒ다44	토ᄒ다11z	토하다
톱176	톱421c	톱99	톱24y	톱
	통그믈303c	통그믈28	통긔물7z	통그물
통인55		통인33	통인8z	통인
	통ᄒ다100d	통ᄒ다7	통ᄒ다2z	통하다
투구43	투구122a	투구27	투구7y	투구
트림ᄒ다76	트림ᄒ다216c	트림ᄒ다45	트림ᄒ다11z	트림하다

| | | 틔352c | 틔47 | 틔12y | 티 |

ㅍ

파162	파377d	파93	파22z	파
	프리449b	파리113	파리27y	파리
파리채170	프리채344a	파리채97	파리채23z	파리채
파발25		파발11	파발3z	파발
파종지165	파종지375d	파종지95	파종지23y	파종지
		팔목36	팔목9z	팔목
		팔션교ᄌ96	팔션교ᄌ23z	팔선교자
폴ᄌ129	팔ᄌ138c	팔ᄌ72	팔ᄌ18y	팔자
펴다49	펴다241d	펴다29	펴다8y	펴다
표고165	표고377a	표고95	표고23y	표고
프다81	푸다365c	푸다48	푸다12y	풀다
		품48	품12z	품
풍뉴아치61	풍류아치138c	풍뉴아치37	풍뉴아치9z	풍류아치
플무40	플무137a	플무25	풀무7y	풀무
피75	피440b	피44	피11z	피
피나모225	피나모402b	피나모118	피나모28z	피나무
		피물79	피물19z	피물
	피ᄒ다214b	피ᄒ다48	피ᄒ다12z	피하다
필갑171		필갑97	필갑23z	필갑
ᄑ다137	ᄑ다299b	ᄑ다77	ᄑ다19y	팔다
	풀매208d	풀미105	풀미25z	팔매

ㅎ

하늘3	하늘8	하늘1	하늘1y	하늘
		하례49	하례12z	하례
		하로가리90	하로가리22y	하루가리
학194		학106	학25z	학

한숨77		한숨46	한숨11z	한숨
	香84d	향78	향19z	향
허리71	허리148b	허리42	허리11y	허리
혀68	혀191d	혀41	혀10z	혀
형115	兄140b	형66	형16z	형
	형벌68c	형벌75	형벌18z	형벌
	형수140c	형수66	형수16z	형수
혜다129	혜다105c	혜다73	혜다18y	혜다
	慧星11	혜성1	혜성1y	혜성
	혜아리다158a	혜ᄋ리다72	혜ᄋ리다18y	혜아리다
호도111	호도392d	호도63	호도15z	호두
호믜156	호믜295b	호믜90	호믜22y	호미
	호박375b	호박94	호박23y	호박
혹60	혹222c	혹36	혹9z	혹
홍합218	홍합446a	홍합115	홍합27z	홍합
화로168	화로347a	화로96	화로23z	화로
활42	활123c	활26	활7y	활
	활동개133a	활동긔27	활동긔7y	활동개
		활비븨101	활비븨24z	활비비
		회샤ᄒ다50	회ᄉ하다12z	회사하다
		회시ᄒ다76	회시ᄒ다19y	회시하다
		훈슈105	훈슈25z	훈수
		훗보롬4	훗보롬1z	훗보름
휘50	휘301b	휘30	휘8y	휘(~로 되다)
	흥비320b	흥비53	흥비13z	흥비
흐르다75	흐르다28d	흐르다44	흐르다11z	흐르다
	흐리멍덩ᄒ다224a	흐리멍덩ᄒ다34	흐리멍덩ᄒ다9y	흐리멍텅하다
	흔들다207d	흔들다79	흔들다19z	흔들다
흘긔다59	흘긔다171b	흘긔다36	흘긔다9z	흘기다
		흘니다48	흘이다12y	흘리다
흥졍137	흥졍299b	흥졍77	흥졍19y	흥정

		희다87	희다21y	희다
		힌술58	힌술14z	흰술
ᄒᆞ다5	ᄒᆞ다12	ᄒᆞ다2	ᄒᆞ다1y	하다
	ᄒᆞ나줄가리292d	ᄒᆞ나잘가리90	ᄒᆞ나잘가리22y	한나절가리
ᄒᆞ낫130	ᄒᆞ낫105d	ᄒᆞ낫73	ᄒᆞ낫18y	한알
ᄒᆞ복128		ᄒᆞ복72	ᄒᆞ복17z	한복(약~)
한쇼202	한쇼440d	ᄒᆞ소110	ᄒᆞ소26z	황소
ᄒᆞ줌130		ᄒᆞ줌73	ᄒᆞ줌18y	한줌
ᄒᆞ첩128		ᄒᆞ첩72	ᄒᆞ첩17z	한첩(약~)
히3	히8	히1	히1y	히
히ᄌᆞ28	히ᄌᆞ98c	히ᄌᆞ20	히ᄌᆞ5z	해자
		히ᄒᆞ다75	히ᄒᆞ다18z	해하다

부록 9 대역어를 필요로 하지 않는 풀이어

단어 개수	부문	표제어	대역어	페이지 수
1	天文	日蝕	＿＿	1
2		參星	＿＿	1
3	時令	前年	＿＿	4
4		白日	＿＿	5
5	地理	江水	＿＿	7
6		河水	＿＿	7
7		海水	＿＿	7
8	宮闕	御路	＿＿	9
9		帑庫	＿＿	9
10	官府	大衙門	＿＿＿	9
11		小衙門	＿＿＿	9
12		六部	＿＿	10
13		都察院	＿＿＿	10
14		翰林院	＿＿＿	10
15	公式	旨意	＿＿	11
16		咨文	＿＿	11
17		名帖	＿＿	11
18		書信	＿＿	11
19		家信	＿＿	12
20	官織	公	＿	12
21		伯	＿	12
22		男	＿	12
23		太傅	＿＿	12
24		太學士	＿＿＿	12
25		尙書	＿＿	12
26		右都御史	＿＿＿＿	12
27		侯	＿＿	12
28		子	＿＿	12

29	太師 ——	12
30	太保 ——	12
31	左都御史 ————	12
32	總督 ——	12
33	知府 ——	13
34	參議 ——	13
35	給事中 ———	13
36	治中 ——	13
37	郎中 ——	13
38	知州 ——	13
39	同知 ——	13
40	監察御史 ————	13
41	洗馬 ——	13
42	員外郎 ———	13
43	司業 ——	13
44	主事 ——	13
45	経歴 ——	13
46	京縣 ——	13
47	都事 ——	13
48	通判 ——	13
49	知縣 ——	13
50	贊善 ——	13
51	侍郎 ——	14
52	學士 ——	14
53	巡撫 ——	14
54	布政使 ———	14
55	府丞 ——	14
56	通政使 ———	14
57	簽事 ——	14
58	太常寺卿 ————	14
59	府尹 ——	14

60	副都御史	— — — — —	14
61	按察使	— — —	14
62	大理寺卿	— — — —	14
63	光祿寺卿	— — — —	14
64	太僕寺卿	— — — —	14
65	巡街御史	— — — —	14
66	巡漕御史	— — — —	14
67	少卿	— —	14
68	鴻月虜寺卿	— — — —	14
69	修撰	— —	15
70	理問	— —	15
71	州同	— —	15
72	寺正	— —	15
73	編修	— —	15
74	評事	— —	15
75	博士	— —	15
76	司庫	— —	15
77	筆帖式	— — —	15
78	主簿	— —	15
79	教授	— —	15
80	縣丞	— —	15
81	知事	— —	15
82	檢討	— —	15
83	中書	— —	15
84	州判	— —	15
85	司務	— —	15
86	大使	— —	15
87	司獄	— —	15
88	學正	— —	15
89	訓導	— —	16
90	司書	— —	16

91	吏目	— —	16
92	序班	— —	16
93	檢校	— —	16
94	照磨	— —	16
95	巡檢	— —	16
96	驛丞	— —	16
97	孔目	— —	16
98	典使	— —	16
99	領侍御大臣	— — — — —	16
100	內大臣	— — —	16
101	都統	— —	16
102	將軍	— —	16
103	九門提督	— — — —	16
104	統領	— —	16
105	總兵	— —	16
106	副都統	— — —	16
107	鑾儀使	— — —	16
108	散秩大臣	— — — —	17
109	副將	— —	17
110	冠軍使	— — —	17
111	長史	— —	17
112	翼長	— —	17
113	營總	— —	17
114	參領	— —	17
115	總管	— —	17
116	城守衛	— — —	17
117	參將	— —	17
118	協領	— —	17
119	遊擊	— —	17
120	城門領	— — —	17
121	雲麾使	— — —	17

122		佐領	— —	17
123		協尉	— —	17
124		防守尉	— — —	17
125		司儀長	— — —	17
126		都司	— —	17
127		典儀	— —	17
128		治儀正	— — —	18
129		軍校	— —	18
130		守備	— —	18
131		副尉	— —	18
132		章京	— —	18
133		防禦	— —	18
134		守禦所千總	— — — — — —	18
135		整儀尉	— — —	18
136		鋒校	— —	18
137		驍騎	— —	18
138		門千總	— — —	18
139		翎長	— —	18
140		固山達	— — —	18
141		把總	— —	18
142		城門吏	— — —	18
143		藍領長	— — —	18
144		差官	— —	18
145		欽差	— —	19
146	祭祀	齋戒	— —	19
147		燒香	— —	20
148	城郭	城樓	— —	20
149		門樓	— —	20
150		煙台	— —	20
151	科擧	秀才	— —	23
152		壯元	— —	23

153	屋宅	亭子	—— ——	24
154	教閲	親兵	—— ——	26
155		吶喊	—— ——	26
156		砲手	—— ——	26
157	軍器	鐵甲	—— ——	27
158		短刀	—— ——	27
159		令箭	—— ——	27
160		槍	——	27
161		宝劍	—— ——	28
162	館驛	驛站	—— ——	29
163		廚子	—— ——	29
164	倉庫	稅錢	—— ——	30
165	寺觀	廟堂	—— ——	31
166		仏堂	—— ——	31
167		道士	—— ——	32
168		袈裟	—— ——	32
169		木魚	—— ——	32
170		城隍廟	—— —— ——	32
171	尊卑	皇太子	—— —— ——	32
172		皇后	—— ——	33
173		王妃	—— ——	33
174		王子	—— ——	33
175		王女	—— ——	33
176		大老爺	—— —— ——	33
177	敬重	老爺	—— ——	37
178	身体	胆	——	43
179	孕産	月経	—— ——	44
180	礼度	慶賀	—— ——	49
181	喪葬	莽服	—— ——	52
182	服飾	紗帽	—— ——	52
183		頂子	—— ——	52

184		玉簪	— —	53
185		朝服	— —	53
186		圓領	— —	53
187		腰帶	— —	54
188		朝靴	— —	54
189	食餌	黃酒	— —	58
190		壯元紅	— — —	58
191		鹿茸糕	— — —	59
192		龍鳳糕	— — —	59
193		芙溶糕	— — —	59
194		雲片糕	— — —	59
195		祿豆糕	— — —	59
196		月餠	— —	59
197		蜂糕	— —	59
198		爐糕	— —	59
199		核桃酥	— — —	59
200		江米條	— — —	59
201		自來紅	— — —	60
202		大八件	— — —	60
203		氷蓼花	— — —	60
204		蓼花	— —	60
205		荔枝	— —	63
206		龍眼	— —	63
207		沙果	— —	63
208		柑子	— —	63
209		片薑	— —	64
210		五花糖	— — —	64
211		榛子糖	— — —	64
212		糖葡萄	— — —	64
213		靑梅	— —	64
214		門冬	— —	64

246		金箔	──	82
247		象牙	──	82
248		硫璃	──	82
249		銀子	──	82
250	織造	金黄	──	83
251		粉紅	──	83
252		桃紅	──	83
253		木紅	──	84
254		眞紅	──	84
255		硃紅	──	84
256		雪白	──	84
257		洋綠	──	84
258		草綠	──	84
259		柳綠	──	84
260		天青	──	84
261		柳黄	──	84
262		雅青	──	84
263		鵝黄	──	84
264		杏黄	──	84
265		洋藍	──	84
266		二藍	──	84
267		銀灰	──	85
268		火駞	──	85
269		漢緞	──	85
270		粧緞	──	85
271		蟒緞	──	86
272		閃緞	──	86
273		貢緞	──	86
274		庫緞	──	86
275		累緞	──	86
276		金線緞	───	86

308		卓子	96
309		鏡台	97
310		手爐	97
311		雨傘	98
312		灯台	98
313		板登	100
314		磨光	101
315	鞍轡	鐙子	102
316	舟舡	夾板舡	102
317		火輪舡	102
318	車輛	大車	103
319		小車	103
320	技戲	㪺韆	105
321	飛禽	鳳凰	105
322		孔雀	105
323		鴛鴦	106
324	走獸	麒麟	107
325		靑驄馬	108
326		獅子	111
327	昆虫	蝴蝶	112
328		蛟龍	114
329	水族	鯉魚	114
330		魴魚	114
331		比目魚	114
332		民魚	115
333		海參	115
334		靑魚	115
335	花草	牧丹	116
336		芍藥	116
337		海棠	116
338		薔薇	116

339		蓮花	— —	116
340		菊花	— —	116
341		梅花	— —	116
342		鳳仙花	— — —	116
343		四季花	— — —	116
344		石榴花	— — —	116
345		石竹花	— — —	117
346	樹木	白楊樹	— — —	118
347		桂樹	— —	118
348		花梨木	— — —	118
349	十八省	直隷	— —	119
350		山東	— —	119
351		山西	— —	119
352		河南	— —	119
353		湖南	— —	119
354		湖北	— —	119
355		安徽	— —	119
356		浙江	— —	119
357		江蘇	— —	119
358		江西	— —	119
359		廣東	— —	119
360		廣西	— —	119
361		陝西	— —	119
362		福建	— —	119
363		甘肅	— —	120
364		泗川	— —	120
365		雲南	— —	120
366		貴州	— —	120
367	東三省	盛京	— —	120
368		吉林	— —	120
369		黑龍江	— — —	120

■ 표제어와 다른 조선한자어로 적힌 풀이어

단어 개수	부문	표제어	대역어	페이지 수
1	天文	天河	銀河	1
2	時令	拜年	歲拜	4
3		來月	來月, 出月	4
4	地理	馬頭	舡倉	7
5		沙灘	沙場	7
6		海島子	海島	8
7	宮闕	大內	大闕	8
8	官府	內閣	中書省	9
9		宗人府	宗親府	10
10		理藩院	掌外夷衙門	10
11		內務府	掌帑藏衙門	10
12		影壁	遮面墻	10
13	公式	憲書	曆書	11
14		誥贈	追贈	11
15		稟帖	稟目	11
16		批文	題辭	11
17		回信	答書	12
18	官職	現官	時任	19
19		前任	前職	19
20		原職	本職	19
21	祭祀	讀祝	讀祝, 念祝	20
22	城郭	皇城	都城	20
23		城圈	城周圍	20
24		夾道	城上道	20
25	學校	徒弟	弟子	21
26		學堂	學堂, 學房	21
27		楷書	正字	22
28	科擧	大考	會試	22

29		鄕試	初試	22
30		貢院	試所	22
31		大主考	上試官	23
32		擧人	擧子	23
33		大宗師	恩門先生	23
34		黄榜	科擧入榜	23
35		會元	會試壯元	23
36	屋宅	廂房	翼廊	24
37		窩房	草幕, 窩鋪	24
38		檁子	中房木	24
39	敎閲	禁衛軍	禁軍	26
40	軍器	腰刀	長劍	27
41		刺槍	長槍	27
42		鋼叉	三枝槍	28
43		大砲	大碗口	28
44		洪眼砲	大銃	28
45		攙鎗	千步銃	28
46		号旗	標旗	28
47	倉庫	囤倉	露積	30
48	寺觀	仏殿	法堂	31
49		泥像	塑像	31
50	尊卑	万歳	皇帝	32
51		殿下	諸王	33
52		伴当	跟隨人, 頭目	33
53	人品	太医	医員, 大夫	34
54		觀風水的	地師	34
55		朦子	清盲	36
56		匠人	通称匠人	37
57		養漢的	花娘	37
58	敬重	原籍	姓本	38
59		万福	平安, 請安	38

60	身體	大母指	第一指	42
61		長指	中指	42
62		小指	五指	42
63		肝花	肝	42
64		鬆水	陰水	43
65	氣息	啞口迷	隱語	46
66	婚娶	庚帖	四柱	50
67		花紅利市	玄纁中錢	51
68	喪葬	回靈	返魂	51
69	服飾	珠冠	女冠	52
70		頭面	首飾	52
71	食餌	乾酒	燒酒	58
72		粉條	粉湯	60
73		嘴饞	食不廉	62
74	親屬	大大公	高祖父	65
75		大大婆	高祖母	65
76		大公	曾祖父	65
77		大婆	曾祖母	65
78		爺爺	祖父	65
79		婆婆	祖母	65
80		爹爹	父親	65
81		孃孃	母親	65
82		外公	外祖父	65
83		外婆	外祖母	65
84		舅舅	外叔	65
85		舅母	外叔母	65
86		姨娘	姨母	65
87		姨夫	姨母夫	65
88		姑舅弟兄	內外縱兄弟	66
89		丈人	妻父	67
90		丈母	妻母	67

91		舅子	妻姊	67
92		家小	子称家屬	67
93		小姨子	妻弟	67
94		偏房	妾	67
95		拙婦	謙称已妻	67
96	宴亨	完三不完四	酒不双盃	68
97		喫双不喫單	酒不單盃	68
98	疾病	身不喫旦喫	身不平	69
99	医藥	香臍子	麝香	72
100	刑獄	竹板子	竹鞭	76
101	買賣	南紙鋪	紙廛	78
102		牙錢	居間人口錢	80
103	珍宝	足銀	細糸銀	81
104		蜜蠟珠	蜜花珠	82
105		磁石	指南石	82
106	織造	勻條紗	銀條紗	87
107		壓綿花	去核綿花	88
108	田農	庄戶	農人	91
109	茱蔬	蓮根	蓮根, 藕茱	94
110		松磨果	松耳	95
111	器具	磁器	通称砂器	95
112		法馬	天平錐	98
113		囲屏	屏風	100
114	飛禽	鸚哥	鸚鵡	106
115	走獸	綿羊	白羊	109
116	昆虫	蛇脫皮	蛇退	114

■ 풀이어가 표제어 + 하다로 된 것, 혹 표제어 + 문으로 된 것

단어차례	부분	표제어	풀이어	페이지 수
1	氣候	陰冷	−ᄒ다[hɐta]	5
2	官府	稟報	−ᄒ다[hɐta]	10
3	官職	革職	−ᄒ다[hɐta]	19
4	公式	呈文	−ᄒ다[hɐta]	11
5	敎閱	裝藥	−ᄒ다[hɐta]	26
6	倉庫	開倉	−ᄒ다[hɐta]	30
7	寺觀	念仏	−ᄒ다[hɐta]	32
8		合掌	−ᄒ다[hɐta]	32
9		得道	−ᄒ다[hɐta]	32
10	礼度	行礼	−ᄒ다[hɐta]	49
11		不敢	−ᄒ여라[hejəra]	50
12	食餌	吐	−ᄒ다[hɐta]	62
13	疾病	痢疾	−ᄒ다[hɐta]	70
14	爭訟	告官	−ᄒ다[hɐta]	74
15	刑獄	充軍	−ᄒ다[hɐta]	76
16	織造	八雲	−문[mun]	85
17		鱗㡡	−문[mun]	85
18		梅蘭	−문[mun]	85
19		七宝	−문[mun]	85
20		純鱗	−문[mun]	85
21		碎花	−문[mun]	85
22		宝相花	−문[mun]	85
23		牧丹	−문[mun]	85
24		海馬	−문[mun]	85

■ 표제어와 다른 한자어와 고유어로 된 풀이어

--- 天文 ---

단어차례	표제어	풀이어	페이지 수
1	日暈	히ㅅ모로[hɐismoro], 日圈	1
2	日頭	히[hɐi], 太陽	1
3	月頭	달[tal], 太陰	1
4	箒星	혜셩[hjesən], 尾把星	1
5	打雷	우뢰ᄒ다[urɐihɐta], 天鼓	2
6	連陰雨	댱마지다[tjaŋmatʃita], 霖雨	2

--- 時令 ---

7	今日	오늘[onil], 今天	3
8	昨天	어제[ətʃje], 昨兒箇	3
9	月盡	금음[kimim], 月底	4
10	元宵	正月보름[porim], 上元	4
11	旧年	디난히[tinanhɐi], 往年	4
12	開年	내년[nɛnjən], 明年	4

--- 氣候 ---

13	狠熱	가쟝덥다[katʃjaŋtəpta], 熱的狠	5

--- 地理 ---

14	岔路	거림씰[kərimskil], 叉路	6
15	上潮	민물[minmul], 張潮	7
16	路潮	혀ᄂ물[hjənənmul], 回潮	7

■ 한자어와 고유어가 섞인 풀이어

단어차례	표제어	풀이어	페이지 수

---- 時令 ----

| 1 | 打春 | 立春노롯[noɾos] | 4 |

---- 宮闕 ----

2	正宮	皇后겨신디[kjəsintei]	8
3	王府	諸王겨신디[kjəsintei]	8
4	大殿	皇帝겨신디[kjəsintei]	8
5	東宮	太子겨신디[kjəsintei]	8
6	正殿	公事ᄒᆞᆫ디[henɛntei]	8
7	正門	가온디[kaontei]門	8
8	串堂	줄[tʃul]行廊	9
9	擺班	班列셔다[sjəta]	9
10	罷朝	朝會맛다[masta]	9
11	上朝	朝會가다[kata]	9
12	退朝	朝會믈리다[milɾita]	9
13	該班	番ᄎᆞ례되다[tʃʰɛrjətəta]	9

---- 官府 ----

14	府外方	큰마올[kʼinmael]	9
15	總理衙門	各國일가ᄋ마ᄂᆞᆫ마올[ilkaemanɛnmael]	10
16	坐堂	坐起ᄒᆞ다[hɛta]	10
17	査看	相考ᄒᆞ다[hɛta]	10
18	告示	榜부티다[putʼita]	10
19	謄文書	文書벗기다[pəskita]	10
20	抄文書	文書빠너다[pʼanɛita]	10

····公式

21	上諭	皇帝닐 시 말숨[nilɐsinɐnmalsɐm]	11
22	頒詔	詔書頒布 다[hɐta]	11
23	頒敕	敕書頒布 다[hɐta]	11
24	表章	皇帝의엿줍 글월[skɐijɐstʃɐpnɐnkilwɐl]	11
25	秦本	皇帝의[skiˆĩ]公事로엿줍 글월[rojɐstʃɐpnɐnkilwɐl]	11
26	報單	人馬數덕은것[tjɐkinkɐs]	11
27	飛報	急히[hi]報 글월[hɐnɐnkilwɐl]	11
28	批下來	題辭 리다[nɐrita]	11

····官職

29	提塘	各省의파발가오 [iˆip'apalkaɛmɐnɐn]官員1	8
30	前称	通称벼술[pjɐsɐl]	18
31	世襲的官	世襲 벼술[hɐnɐnpjɐsɐl]	19
32	陞官	陞職 다[hɐta]	19
33	候補	待闕 다[hɐta]	19
34	委員	전위 여보니 [tʃjɐnyhejɐponɐinɐn]官員	19

····祭祀

35	祭天	하늘의[hanɐlskiˆĩ]祭 다[hɐta]	19
36	祭地	쯘히[stɐhei]祭 다[hɐta]	19
37	祭太廟	太廟에[e]祭 다[hɐta]	19
38	祭家廟	家廟에[e]祭 다[hɐta]	19
39	上墳	拜廟 다[hɐta]	19
40	奠酒	盞드리다[tirita]	20
41	供獻	祭物들이다[tilita]	20
42	燒紙	紙錢술오다[sɐlota]	20
43	還愿	發愿대로 다[tɐrohɐta]	20

技戲

■ 고유어로 된 풀이어

단어차례	표제어	풀이어	페이지 수

27	打霜	서리티다[səritʼita]	2
28	輕霜	무서리[musəri]	3
29	氷雹	믈위[mily]	3
30	雪大	눈만히오다[nunmanhiota]	3
31	雪住	눈기다[nunkɛita]	3
32	苦霜	된서리[tønsəri]	3
33	下雪	눈오다[nunota]	3
34	雪花	눈꼿[nunskos]	3
35	雪化	눈녹다[nunnokta]	3

┌─────┐
│ 時令 │
└─────┘

36	春	봄[pom]	3
37	夏	녀름[njərim]	3
38	秋	ᄀᆞ올[kɐɛl]	3
39	冬	겨울[kjəɛl]	3
40	明日	닉일[nɛiil]	3
41	前日	그제[kitʃje]	3
42	大前日	굿그제[kiskitʃje]	3
43	後日	모릭[morɛi]	3
44	大後日	글픠[kilpʼi]	4
45	這箇月	이둘[itɛl]	4
46	前月	거월[kəwəl]	4
47	月初	초싱[tʃʰosɛŋ]	4
48	月半	보롬[porom]	4
49	下半月	훗보롬[husporom]	4
50	按月	둘마다[tɛlmata]	4
51	月小盡	둘이져거그므다[tɛlitʃjəkəkimita]	4
52	今年	올[ol]	4
53	頭年	첫히[tʃʰjəshɛi]	4
54	伏天	복놀[poknɛl]	5

55	開亮	동트다[toŋt'ita] ································· 5
56	淸早	아춤[atʃʰɐm] ·································· 5
57	狼早	ᄀ쟝이ᄅ다[ketʃaŋireta] ·················· 5
58	晌午	낫[nas] ······································· 5
59	晚晌	져녁[tʃjɐnjɐk] ····························· 5
60	整夜	왼밤[ønpam] ······························· 5
61	打更	경덥티다[kjɐŋtjɐpt'ita] ··············· 5

氣候

62	暖和	ᄃᄉ다[teseta] ····························· 5
63	天熱	덥다[tɐpta] ································· 5
64	涼快	서늘ᄒ다[sɐnilhɐta] ····················· 5
65	爽快	시원ᄒ다[siwɐnhɐta] ·················· 5
66	天冷	칩다[tʃʰipta] ······························ 5
67	怕冷	치위짓다[tʃʰiytʃista] ··················· 5
68	害冷	치위타다[tʃʰiyt'ata] ····················· 6
69	冒風	ᄇ람뾰이다[perampsoita] ·············· 6
70	燋火	블뙤다[pilptʃøta] ························· 6

地理

71	山頂	뫼ᄉ긋[møskis] ·························· 6
72	山腰	뫼ᄉ허리[møshɐri] ······················ 6
73	腰嶺	묏잘쑤먹기[møstʃalstnmɐkki] ······· 6
74	嶺半截	령절반[rjɐŋtʃɐlpan] ···················· 6
75	嶺上	령우희[rjɐŋuhiˆi] ························· 6
76	山坡	뫼ᄉ두던[møstutɐn] ····················· 6
77	大甸子	큰들[kʰintil] ······························ 6
78	大道	큰길[kʰikil] ······························· 6
79	抄路	즈름길[tʃirimkil] ························· 6
80	湾路	구븐길[kupinkil] ························· 6

124 打橋   드리노타[tɐrinotˈa] ································· 21
125 橋榻咧 드리믄허디다[tɐriminhətita] ············· 21
126 修橋   드리곳티다[tɐrikostˈita] ····················· 21

學校

127 敎訓   ᄀ르치다[kɐretʃita] ························· 22
128 學書   글비오다[kilpɐiota] ·························· 22
129 寫字   글쓰다[kilpsita] ······························· 22
130 做詩   글짓다[kiltʃista] ······························ 22
131 做文章 줄글짓다[tʃulkiltʃista] ···················· 22
132 抄書   글벗기다[kilpəskita] ······················· 22
133 裁紙   죠희ᄆ르다[tʃjohiˆimɐrita] ··············· 22
134 筆禿   붓무되다[pusmutøta] ······················· 22
135 書架   칙거리[tʃˈɐikkəri] ··························· 22
136 墨稀   먹스믜다[məksimiˆita] ···················· 22

科擧

137 榜眼   둘째[tulstʃɛ] ································· 23
138 探花   셋째[sesstʃɛ] ································· 23

屋宅

139 瓦房   기와집[kiwatʃip] ·························· 23
140 草房   초개집[tʃˈokɐtʃip] ·························· 23
141 臥房   쟈는방[tʃjanɐnpaŋ] ······················· 23
142 客廳   ᄉ랑[sɐraŋ] ································· 23
143 樓房   다락집[taraktʃip] ·························· 24
144 涼房   가개[kakɛ] ································· 24
145 盖房子 집짓다[tʃiptʃista] ·························· 24
146 仰瓦   암기와[amkiwa] ··························· 24

175	不中	못맞다[mosmasta]	27
176	散開	훗터지다[histˈətʃita]	27

【軍器】

177	盔甲	투구[tˈuku]	27
178	金盔	금투구[kimtˈuku]	27
179	弓弩	소늬활[sonɐihwal]	27
180	上弓絃	활짓다[hwaltʃista]	27
181	卸弓絃	활브리오다[hwalpiɾlota]	27
182	上樺	봇올리다[posolɾita]	27
183	纏筋	활에힘감다[hwalehimkamta]	27
184	飛魚佾	황동긔[hwaŋtoŋkɐi]	27
185	火箭	신긔젼[sinki^itʃiən	27
186	火燄	총[tʃˈoŋ]	28
187	旗幅	긧발[ki^ispal]	28
188	鐵蒺藜	말음쇠[malimsø]	28
189	打帳房	쟝막치다[tʃjaŋmaktʃˈita]	28

【佃漁】

190	捕戸	산쟝어[santʃaŋə]	28
191	打圍	산영ᄒ다[sanjəŋɦeta]	28
192	授獸	즘싱뒤지다[tʃimsɐiŋtøtʃita]	28
193	鷹把戲	매밧는놈[mɛpasnɐnnom]	28
194	放鷹	매놋타[mɛnostˈa]	28
195	袖綱	통그믈[tˈoŋkimil]	28
196	散綱	그믈치다[kimiltʃˈita]	28
197	撈綱	그믈것다[kimilkəsta]	28
198	釣鉤	낙시[kaksi]	29
199	釣線	낙시ㅅ줄[kaksistʃul]	29
200	釣魚	고기낙다[kokinakta]	29

[尊卑]

[人品]

250	獸子	못싱긴놈[mosseiŋkinnom]	34
251	蠢人	미혹혼사롬[mihokhɐnsarɐm]	34
252	賴皮	미운놈[miunnom]	34
253	鬆漢子	셥셥흔놈[sjəpsjəphɐnnom]	34
254	飛膀子	눌치도든사롬[nɐltʃitot'insarɐm]	34
255	胡塗的	흐리멍덩흔놈[hirlmɐŋtɐŋhennom]	34
256	弄戲法的	도셥흐ㄴ이[tosjəphɐnɐni]	34
257	獸医	즘싱고티ㄴ사롬[tʃimseiŋkot'inɐnsarɐm]	34
258	老頭子	늙은사롬[nilkkinsarɐm]	35
259	老實的	고디식혼사롬[kotisikhɐnsarɐm]	35
260	詭譎的	쇠기ㄴ사롬[søkinɐnsarɐm]	35
261	懶惰的	게으른사롬[keirinsarɐm]	35
262	嘴碎的	준말흐ㄴ사롬[tʃɐnmalhɐnɐnsarɐm]	35
263	執拗的	고집잇ㄴ사롬[kotʃipisnɐnsarɐm]	35
264	亻奔(笨)人	둔혼사롬[tunhɐnsarɐm]	35
265	莊家	향음[hjaŋim]	35
266	姦猾的	간ᄉ혼이[kansɐheni]	35
267	撒謊的	거즛말흐ㄴ놈[kətʃismalhɐnnɐnnom]	35
268	蟒漢子	모리와든놈[morlwatinnom]	35
269	用强的	셩악혼이[sjəŋakhɐni]	35
270	矮子	난장이[nantʃaŋi]	35
271	鉦漢子	킈젹은놈[kɨʌitʃjəkinnom]	35
272	大漢子	킈큰놈[kɨʌik'innom]	35
273	禿子	뮌머리[mɨʌinmɐri]	35
274	鬍子的	슈염만흔이[sjujəmmanhini]	35
275	光嘴子	슈염업ㄴ이[sjujəmɐpnɐni]	35
276	胖子	술쩐사롬[sɐlstʃinsarɐm]	35
277	瘦子	여윈사롬[jəynsarɐm]	36
278	斜眼的	눈흘긘놈[nunhilkiʌinnom]	36
279	瞎子	눈먼놈[nunmɐnnom]	36
280	啞吧	벙어리[pəŋəri]	36

335	眼瞳子	눈ㅅ동자[nunstoŋʧa]	40
336	眼眶	눈어엿[nunəjəs]	40
337	密縫眼	ᄀ눈눈[kɐnɐnnun]	40
338	眼脂兒	눈ㅅ곱[nunskop]	40
339	耳	귀[ky]	40
340	耳朶眼	귀ㅅ구무[kyskumu]	40
341	耳根	귀밋[kymis]	40
342	耳輪	귀ㅅ박회[kyspakhø]	40
343	鼻子	코[kʼo]	40
344	鼻樑	코ㅅㅁㄹ[kʼosmɐrɐ]	40
345	鼻準	코ㅅ긋[kʼoskis]	40
346	鬢照	귀밋털[kymistʼəl]	40
347	臉	눛[nɐs]	40
348	面皮	눛갓[nɐskas]	40
349	兩臉骨	광디뼈[kwaŋtɐipʼjə]	40
350	口	입[ip]	40
351	口唇	입시올[ipsiol]	40
352	口吻	입아귀[ipaky]	40
353	牙	니[ni]	41
354	門牙	옰니[ɐlpni]	41
355	牙根兒	니ㅅㅁ음[nismiim]	41
356	月牙	숑곳니[sjoŋkosni]	41
357	齫牙	엄니[əmni]	41
358	姤牙	졋니[ʧjəsni]	41
359	牙框	니ㅅ블회붓톤디[nispilhiˆipustʼɐntɐi]	41
360	舌頭	혀[hjə]	41
361	舌尖	혀씃[hjəskis]	41
362	髯鬚	슈염[sjujəm]	41
363	連鬢鬍子	구레나룻[kurenarɔs]	41
364	下頷	아러턱[arɐitʼək]	41
365	脖子	목[mok]	41

397	曲膝	무릅[muɾop] ………………………………… 43
398	脚後跟	발뒷측[paletʃtʃʰuk] ……………………… 43
399	脚心	발ㅅ바당[palspataŋ] …………………… 43
400	踝子骨	복쇼아뼈[poksjoap'jə] ………………… 43
401	黑子	샤마괴[sjamakø] ………………………… 43
402	痣子	김의[kimi^i] ……………………………… 43
403	撒溺	져근믈[tʃjəkinmɪl] ……………………… 43
404	嫩瞧	절머낸다[tʃjəlməpønta] ………………… 43
405	老蒼	늙어뵌다[nilkkəpønta] ………………… 44

┈┈ 孕產 ┈┈┈┈┈┈┈┈┈┈┈┈┈┈┈┈┈┈┈┈┈┈┈┈┈┈┈┈┈┈┈

406	懷身	아기비다[akipɛita] …………………… 44
407	害喜	즈식셔다[tʃɛsiksjəta] ………………… 44
408	轉胎	아희빌으다[ahi^ipilita] ……………… 44
409	月未成	돌못츠다[tɛlmostʃʰeta] ……………… 44
410	生下	낫타[nast'a] ……………………………… 44
411	丟孩子	아희디다[ahi^itita] …………………… 44
412	燙血來	피흐르다[p'ihiɾita] …………………… 44
413	小哇哇	아희[ahi^i] ……………………………… 44
414	喫妳	졋먹다[tʃjəsməkta] …………………… 44
415	摘妳子	졋쪈다[tʃjəsptʃeta] …………………… 44
416	洋妳	졋토하다[tʃjəst'ohata] ……………… 44
417	月布	죠흔셔답[tʃjohɛnsjətap] ……………… 44
418	穩婆	아기나히는계집[akinahinɛnkjətʃip] … 44
419	添孩子	아기낫다[akinasta] …………………… 44

┈┈ 氣息 ┈┈┈┈┈┈┈┈┈┈┈┈┈┈┈┈┈┈┈┈┈┈┈┈┈┈┈┈┈┈┈

420	打口夏吶	트림ᄒ다[t'iɾimhɛta] ………………… 45
421	打嚏噴	즈칙음ᄒ다[tʃetʃ'i^iimhɛta] ………… 45
422	打呵欠	하픠음[hap'iim] ………………………… 45

···· 動靜 ··

···食餌·····

624 獐子肉 놀러고기[nolɽeikoki] ··· 58
625 兎肉 톳긔고기[tʼoskiˆikoki] ·· 58
626 牛肉 쇠고기[sjøkoki] ··· 58
627 牛肚子 쇠양[sjøjaŋ] ··· 58
628 牛心 쇠염퉁[sjøjəmtʼuŋ] ·· 58
629 燒肉 고기굽다[kokikupta] ··· 59
630 炒肉 고기볶다[kokipokta] ·· 59
631 硬肉 질긴고기[ʧilkinkoki] ··· 59
632 軟肉 연흔고기[jənhɐnkoki] ·· 59
633 炒魚片 물고기볶다[mulkokipokta] ································· 59
634 刮鱗 비눌긁다[pinulkilkta] ·· 59
635 打糕 친떡[ʧʰinstək] ··· 59
636 蒸糕 증편[ʧiŋpʼjən] ··· 59
637 糖糕 단떡[tanstək] ··· 59
638 饅頭 만두[mantu] ··· 60
639 燒餅 구은떡[kuunstək] ··· 60
640 切麵 쎠흔국슈[sʼjəhinkuksju] ·· 60
641 麵乾饞 슈져비[sjuʧjəpi] ··· 60
642 掛麵 ㅁ론국슈[mɐrɐnkuksju] ·· 60
643 秒麵 미시[misi] ··· 60
644 肉包 고기소녀흔떡[kokisonjəhinstək] ························· 60
645 糖包 사탕소녀흔떡[satʼaŋsonjəhinstək] ······················ 60
646 肉餡 고기소[kokiso] ··· 60
647 菜餡 치소[ʧʰeiso] ·· 60
648 匾食 변시[pjənsi] ·· 60
649 醃菜 침치[ʧʰimʧʰei] ··· 60
650 笮豆腐 두부뽀다[tupuptʼeta] ··· 60
651 豆米乍 비지[piʧi] ·· 60
652 蜂蜜 쑬[skul] ··· 60
653 香油 춤기름[ʧʰəmkirim] ·· 61
654 荻油 들기름[tilkirim] ·· 61

親屬

ト筮

算數

879	酒館	술프ᄂ디[sulpʼɛnɛntɛi]	77
880	油房	기롬프ᄂ디[kiɾɛmpʼɛnɛntɛi]	77
881	糖房	엿프ᄂ디[jəʼspɛnɛntɛi]	77
882	屠鋪	고기노하프ᄂ디[kokinohapʼɛnɛntɛi]	77
883	紬緞鋪	비단프ᄂ디[pitanpʼɛnɛntɛi]	78
884	估衣鋪	의젼[iˀitʃjən]	78
885	書鋪	책프ᄂ디[ʧʼɛkpʼɛnɛntɛi]	78
886	煙岱鋪	담빗대프ᄂ디[tampɛistɛpʼɛnɛntɛi]	78
887	銅鋪	쇠프ᄂ디[søpʼɛnɛntɛi]	78
888	煙鋪	담비파ᄂ디[tampɛispʼɛnɛntɛi]	78
889	幹菓鋪	과실프ᄂ디[kwasilpʼɛnɛntɛi]	78
890	油鹽店	기람과쟝프ᄂ디[kiɾamkwaʧjaŋpʼɛnɛntɛi]	78
891	香蠟鋪	향과쵸프ᄂ디[hjaŋkwaʧʼjopʼɛnɛntɛi]	78
892	弓箭鋪	활과살프ᄂ디[hwalkwasalpʼɛnɛntɛi]	78
893	皮貨鋪	피물프ᄂ디[pʼimulpʼɛnɛntɛiøŋ]	79
894	帽子鋪	갓프ᄂ디[kaspʼɛnɛntɛi]	79
895	鞋鋪	신프ᄂ디[sinpʼɛnɛntɛi]	79
896	花兒鋪	꼿프ᄂ디[skospʼɛnɛntɛi]	79
987	藥鋪	약지프ᄂ디[jakʧʼɛipʼɛnɛntɛiøŋ]	79
988	荷包店	쥬머니프ᄂ디[ʧjumənipʼɛnɛntɛi]	79
989	裱糊鋪	죠희비졉ᄒᄂ디[ʧʃohiˀipɛiʧʃəphɛnɛntɛi]	79
990	扮指店	반지프ᄂ디[panʧipʼɛnɛntɛi]	79
991	開市	홍졍시작ᄒ디[hiŋʧjəŋsiʧakhɛtɛi]	79
992	幌子	물건프ᄂ집보람훈것[mulkənpʼɛnɛnʧipporamhɛnkəs]	79
993	老杭家	홍졍밧치[hiŋʧjəŋpasʧʼi]	79
994	搖貨郞	ᄌ로북흔들고도ᄂ쟝ᄉ[ʧɛɾopukhintilkotonɛnʧjaŋsɛ]	79
995	開帳	갑졍ᄒ다[kapʧjəŋhɛta]	79
996	倡價	발니다[palnɛita]	79
997	講價	갑혀기다[kaphjəkita]	79
998	照行市	시가디로ᄒ다[sikatɛiɾohɛta]	79
999	交成	홍졍못다[hiŋʧjəŋmɛsta]	79

┌─┐
│田農│
└─┘

1110	鎌刀	낫[nas]	90
1111	耕田	밧가다[paskata]	90
1112	種田	밧시무다[passimuta]	91
1113	撒穀	삐쩌다[psispjəta]	91
1114	發穗	이삭픠다[isakpʰɐita]	91
1115	收成	곡식거두다[koksikkətuta]	91
1116	打場	마당질[mataŋtʃil]	91
1117	口契租子	병작ᄒ다[pjəŋtʃakhɐta]	91

⌐ 禾穀 ⌐

1118	稻子	벼[pjə]	91
1119	粳子	죠흔쓀[tʃjohinsˈɐl]	91
1120	大麥	보리[pori]	91
1121	小麥	밀[mil]	91
1122	蕎麥	모밀[momil]	91
1123	穈子	기장[kitʃaŋ]	91
1124	大黃米	기장쓀[kitʃaŋsˈɐl]	91
1125	小米	조쓀[tʃosˈɐl]	91
1126	小黃米	츠조쓀[tʃʰɐtʃosˈɐl]	92
1127	穀子	것조[kəstʃo]	92
1128	稗子	피쓀[pʰisˈɐl]	92
1129	高粱	슈슈[sjusju]	92
1130	黃豆	누른콩[nurinkʰoŋ]	92
1131	小豆	퐅[pʰɐs]	92
1132	荒豆	광작이[kwaŋtʃaki]	92
1133	芝麻	참꾀[tʃʰamskɐi]	92
1134	蘇子	들꾀[tilskɐi]	92
1135	麩子	밀기울[milkiol]	92
1136	穀草	좃집[tʃostʃip]	92
1137	稻草	닛딥[nistip]	92

菜蔬

器具

鞍轡

1286 鞍子 기라마[kirɐma] ····· 101

1287 鞍橋子 기ᄅᆞ맛가지[kirɐmaskatʃi] ····· 101

1288 軟替子 속쌈치[sokstamtʃʰi] ····· 101

1289 韂 달애[talɛ] ····· 101

1290 肚帶 빗대[pɐistɛ] ····· 101

1291 韂頭 굴네[kulne] ····· 101

1292 嚼子 마함[maham] ····· 101

1293 繮繩 바곳비[pakospi] ····· 101

1294 鞍塔 안갑[ankap] ····· 102

1295 緹胸 듀락[tjurak] ····· 102

1296 塔腦 구리곡뒤거리[kurikoktykəri] ····· 102

1297 打馬鏘 ᄃᆡ갈박다[tɐikalpakta] ····· 102

1298 馱鞍 짐기라마[tʃimkirɐma] ····· 102

1299 鞭竿 ᄎᆡ쥭[tʃʰɐiktʃjuk] ····· 102

1300 鞭梢 ᄎᆡᄭᅳᆺ[tʃʰɐiskɨs] ····· 102

舟舡

1301 海舡 큰ᄇᆡ[kʰɨnpɐi] ····· 102

1302 筏子 뻬[pte] ····· 102

1303 槽子 마상이[masaŋi] ····· 102

1304 鐵猫 닫[tat] ····· 102

1305 猫繩 닫쥴[tattʃjul] ····· 102

1306 柁 치[tʃʰi] ····· 102

1307 撑舡 ᄇᆡ졋다[pɐitʃjəsta] ····· 103

1308 竪桅 돗ᄃᆡ세우다[tostɐisjeuta] ····· 103

1309 遭風 바ᄅᆞᆷ만나다[parɐmmannata] ····· 103

1310 擺渡 ᄇᆡ건너ᄂᆞᆫ목[pɐikənnənɐnmok] ····· 103

1311 櫓 ᄇᆡ밋ᄐᆡ졋ᄂᆞᆫ나모[pɐimistʰɐitʃjəsnɐnnamo] ····· 103

1312 劃子 ᄇᆡ졋ᄂᆞᆫ가릐[pɐitʃjəsnɐnkarɐi] ····· 103

飛禽

···| 走獸 |···

昆蟲

1454	蜻蜓	잔자리[tʃantʃari]	112
1455	明火蟲	반되[pantø]	112
1456	草螺子	달팡이[talpʼaɲi]	112
1457	蜘蛛	거믜[kəmiˆi]	112
1458	蛆蟲	구더기[kutəki]	112
1459	蜈蚣	진에[tʃine]	112
1460	蜈腺	노러기[norɛiki]	112
1461	蚰蜒	지룡이[tʃirjoɲi]	112
1462	土狗	도로기[torokɛi]	112
1463	虱子	니[ni]	112
1464	跳蚤	벼룩[pjəruk]	112
1465	狗蚤	기벼룩[kɛipjəruk]	112
1466	臭蟲	빈디[pintɛi]	113
1467	壁魚	빈디좀[pintɛitʃom]	113
1468	蟲蛀了	좀집다[tʃomtʃipta]	113
1469	蟒蟔	굼벙이[kumpəɲi]	113
1470	蒼蠅	파리[pʼari]	113
1471	蚊子	모기[moki]	113
1472	蟑螂	박회[pakhø]	113
1473	蜂子	벌[pəl]	113
1474	濕蟲	쥐며나리[tʃymjənari]	113
1475	螞蚱	묏도기[møstoki]	113
1476	螞蟻	기야미[kɛijami]	113
1477	馬蟥	그머리[kiməri]	113
1478	黑蟲無	듯터비[tustʼəpi]	113
1479	癩蝦蟲莫	옴듯터비[omtustʼəpi]	113
1480	白蝋	쉬[sy]	113
1481	蝮蛇	독스[toksɛ]	113
1482	蠍子	전갈[tʃənkal]	113
1483	馬蛇子	도마비얌[tomapɛijam]	113

부록 10 매 표제어에 대응하는 병음과 한자음(국제음성기호로 표시)

A

埃	āi	애	ai	038
挨	ái	애	ai	074
矮	ǎi	왜	uai	035
艾	ài	애	ai	072
愛	ài	애	ai	062
安	ān	안	an	119
鵪	ān	얀	ǐan	107
鞍	ān	안	an	029
庵	ān	안	an	031
案	àn	안	an	076
岸	àn	안	an	103
暗	àn	얀	ǐan	075
按	àn	안	an	014
凹	āo	와	ua	007
熬	āo	얀	ao	058
拗	ǎo	얀	ǐao	035
襖	ǎo	안	ao	053

B

八	bā	바	pa	060
疤	bā	바	pa	071
吧	bā	바	pa	036
笆	bā	바	pa	025
蚆	bā	바	pa	082
拔	bá	바	pa	103
把	bǎ	바	pa	018

罷	bà	바	pa	009
白	bái	배	pai	005
擺	bǎi	배	pai	007
栢	bǎi	배	pai	118
拜	bài	배	pai	004
稗	bài	배	pai	092
百	bài	배	pai	086
班	bān	반	pan	009
頒	bān	반	pan	011
板	bǎn	반	pan	021
半	bàn	반	pan	004
伴	bàn	반	pan	033
扮	bàn	반	pan	079
梆	bāng	방	paŋ	117
榜	bǎng	방	paŋ	023
綁	bǎng	방	paŋ	075
膀	bǎng	방	paŋ	034
棒	bàng	방	paŋ	098
包	bāo	밥	pao	052
剝	bāo	밥	pao	055
齙	bāo	밥	pao	036
薄	báo	밥	pao	008
雹	báo	밥	pao	003
寶	bǎo	밥	pao	009
保	bǎo	밥	pao	074
報	bào	밥	pao	010
鉋	bào	밥	pao	099
抱	bào	밥	pao	106
暴	bào	밥	pao	002
卑	bēi	비	pi	032
北	běi	베	pvi	119

貝	bèi	버	pɣ	081
備	bèi	븨	pəi	018
背	bèi	븨	pəi	022
背	bèi	베	pɣi	002
轠	bèi	베	pɣi	029
被	bèi	베	pɣi	074
本	běn	븐	pən	011
倴	bèn	쁜	pən	035
鼻	bí	비	pi	036
比	bǐ	비	pi	114
筆	bǐ	비	pi	015
壁	bì	비	pi	113
箆	bì	비	pi	100
臂	bì	비	pi	073
庇	bì	비	pi	038
避	bì	베	pɣi	048
邊	biān	변	pĭɣn	048
編	biān	변	pĭɣn	015
鞭	biān	변	pĭɣn	076
匾	biǎn	변	pĭɣn	060
便	biàn	변	pĭɣn	043
辮	biàn	변	pĭɣn	054
表	biǎo	뱦	pĭao	011
裱	biǎo	뱦	pĭao	025
鏢	biào	뱦	pĭao	115
別	bié	베	pɣi	105
賓	bīn	빈	pin	033
檳	bīn	빈	pin	064
殯	bìn	빈	pin	051
鬢	bìn	빈	pin	040
兵	bīng	빙	piŋ	026

麗	cǎi	채	tsʼai	106
彩	cǎi	채	tsʼai	002
菜	cài	채	tsʼai	060
傪	cān	찬	tsʼan	013
蠶	cán	찬	tsʼan	080
倉	cāng	창	tsʼaŋ	030
蒼	cāng	창	tsʼaŋ	113
操	cāo	촤	tsʼua	026
漕	cáo	찬	tsʼao	014
槽	cáo	찬	tsʼao	025
嘈	cáo	찬	tsʼao	046
螬	cáo	찬	tsʼao	113
草	cǎo	찬	tsʼao	023
騲	cǎo	찬	tsʼao	108
差	chā	차	tʂʼa	007
叉	chā	차	tʂʼa	006
查	chá	차	tʂʼa	010
察	chá	차	tʂʼa	010
搽	chá	차	tʂʼa	056
茶	chá	차	tʂʼa	067
岔	chà	차	tʂʼa	006
差	chāi	채	tʂʼai	018
釵	chāi	차	tʂʼa	053
柴	chái	채	tʂʼai	062
饞	chán	찬	tʂʼan	062
蟬	chán	천	tʂʼiɤn	112
禪	chán	쌴	ʂʼian	031
纏	chán	천	tʂʼiɤn	027
鑱	chán	찬	tʂʼan	090
産	chǎn	찬	tʂʼan	044
驏	chǎn	찬	tʂʼan	108

充	chōng	충	tʂʻuŋ	076
虫	chóng	충	tʂʻuŋ	113
蟲	chóng	충	tʂʻuŋ	112
抽	chōu	취	tʂʻiu	100
紬	chōu	취	tʂʻiu	078
杻	chǒu	취	tʂʻiu	075
臭	chòu	취	tʂʻiu	113
出	chū	츄	tʂʻĭu	072
初	chū	추	tsʻu	004
廚	chú	츄	tʂʻĭu	024
鋤	chú	추	tsʻu	090
麤	chǔ	추	tsʻu	062
揣	chuǎi	채	tʂʻuai	048
川	chuān	챤	tʂʻĭuǎn	120
穿	chuān	챤	tʂʻĭuǎn	054
舡	chuán	챤	tʂʻĭuǎn	102
串	chuàn	챤	tʂʻĭuǎn	009
窓	chuāng	창	tʂʻuaŋ	024
瘡	chuāng	창	tʂʻuaŋ	070
吹	chuī	취	tʂʻui	026
錘	chuí	취	tʂʻui	098
槌	chuí	취	tʂʻui	098
鎚	chuí	취	tʂʻui	099
春	chūn	츈	tʂʻĭun	003
唇	chún	츈	tʂʻĭun	040
鶉	chún	춘	tʂʻun	107
純	chún	츈	tʂʻĭun	085
蠢	chǔn	츈	tʂʻĭun	034
刺	cī	쟈	tsĭa	027
玼	cī	채	tsʻai	107
磁	cí	츠	tsʻ	082

D

戴	dài	대	tai	038
丹	dān	단	tan	085
單	dān	단	tan	011
捏	dān	단	tan	048
疸	dàn	단	tan	071
膽	dǎn	단	tan	043
淡	dàn	단	tan	061
嗚	dàn	단	tan	106
當	dāng	당	taŋ	033
鐺	dāng	당	taŋ	104
襠	dāng	당	taŋ	089
盪	dàng	탕	t'aŋ	044
刀	dāo	따	tao	027
島	dǎo	따	tao	008
倒	dǎo	따	tao	080
導	dǎo	따	tao	016
稻	dào	따	tao	091
到	dào	따	tao	008
道	dào	따	tao	006
盜	dào	따	tao	075
得	dé	더	tɤ	032
的	de	디	ti	034
等	děng	등	təŋ	098
燈	dēng	등	təŋ	098
鐙	dèng	등	təŋ	102
櫈	dèng	등	təŋ	100
凳	dèng	등	təŋ	100
羝	dī	디	ti	109
抵	dǐ	디	ti	075
底	dǐ	디	ti	008
地	dì	디	ti	019

弟	dì	디	ti	021
遞	dì	디	ti	055
姊	dì	디	ti	066
点	diǎn	뎐	tĭɤn	056
典	diǎn	뎐	tĭɤn	016
點	diǎn	뎐	tĭɤn	105
甸	diàn	뎐	tĭɤn	006
靛	diàn	딩	tiŋ	088
店	diàn	뎐	tĭɤn	077
癲	diàn	뎐	tĭɤn	070
奠	diàn	뎐	tĭɤn	020
殿	diàn	뎐	tĭɤn	008
貂	diāo	됴	tĭao	111
吊	diào	됴	tĭao	051
釣	diào	됴	tĭao	031
爹	diē	뎨	tɤi	065
楪	dié	뎨	tɤi	085
蝶	dié	뎌	t´ĭɤ	112
疊	dié	뎌	tĭɤ	055
丁	dīng	딩	tiŋ	051
頂	dǐng	딩	tiŋ	038
定	dìng	딩	tiŋ	050
錠	dìng	딩	tiŋ	081
丟	diū	두	tiu	044
冬	dōng	둥	tuŋ	003
東	dōng	둥	tuŋ	008
凍	dòng	둥	tuŋ	008
動	dòng	둥	tuŋ	047
斗	dǒu	투	təu	097
鬪	dǒu	투	t´əu	109
抖	dǒu	투	təu	055

痘	dòu	두	təu ··· 072
豆	dòu	두	təu ··· 059
督	dū	두	tu ·· 012
都	dū	두	tu ·· 010
讀	dú	두	tu ·· 020
獨	dú	두	tu ·· 021
犢	dú	두	tu ·· 110
睹	dǔ	두	tu ·· 104
渡	dù	두	tu ·· 007
肚	dù	두	tu ·· 042
度	dù	두	tu ·· 049
鍍	dù	두	tu ·· 101
短	duǎn	단	tuan ·· 027
椴	duàn	단	tuan ·· 118
緞	duàn	단	tuan ·· 078
斷	duàn	단	tuan ·· 076
碓	duì	뒤	tui ·· 079
隊	duì	뒤	təui ·· 026
對	duì	뒤	tui ·· 022
墩	dūn	둔	tun ··· 098
盹	dǔn	둔	tun ··· 028
肫	dǔn	둔	tun ··· 051
多	duō	도	to ··· 063
奪	duó	도	to ··· 074
踱	duó	두	tu ··· 048
朵	duǒ	도	to ··· 040
垛	duǒ	도	to ··· 020
惰	duò	토	t′o ··· 035

E

蛾	é	어	ɣ	113
鵝	é	어	ɣ	084
惡	è	어	ɣ	037
兒	ér	얼	ɣl	131
餌	ěr	위	ui	029
耳	ěr	얼	ɣl	040
二	èr	얼	ɣl	084

F

發	fā	바	fa	091
髮	fā	바	fa	039
筏	fá	바	fa	102
法	fǎ	바	fa	081
藩	fān	반	fan	010
翻	fān	반	fan	104
繁	fán	반	fan	069
反	fǎn	반	fan	055
犯	fàn	반	fan	075
飯	fàn	바	fan	037
房	fáng	방	faŋ	023
防	fáng	방	faŋ	017
魴	fáng	방	faŋ	114
紡	fǎng	방	faŋ	086
放	fàng	방	faŋ	022
妃	fēi	븨	fəi	033
飛	fēi	븨	fəi	011
肥	féi	븨	fəi	061
蛴	fèi	부	fu	070
肺	fèi	븨	fəi	042

墳	fén	분	fən	019
酚	fén	분	fən	110
粉	fěn	분	fən	056
糞	fèn	분	fən	108
風	fēng	봉	fuŋ	001
瘋	fēng	봉	fuŋ	070
蜂	fēng	봉	fuŋ	059
鋒	fēng	봉	fuŋ	018
縫	féng	봉	fuŋ	040
奉	fèng	봉	fuŋ	011
鳳	fèng	봉	fuŋ	059
俸	fèng	봉	fuŋ	019
夫	fū	부	fu	029
麩	fū	부	fu	092
浮	fú	부	fu	021
伏	fú	부	fu	026
幅	fú	부	fu	028
佛	fú	부	fu	031
福	fú	부	fu	038
芙	fú	부	fu	059
服	fú	부	fu	053
輻	fú	부	fu	104
咈	fú	부	fu	045
袱	fú	부	fu	097
府	fǔ	부	fu	008
撫	fǔ	부	fu	014
斧	fǔ	부	fu	099
父	fù	부	fu	065
傅	fù	부	fu	012
副	fù	부	fu	014
駙	fù	부	fu	033

鴿	gē	거	kɤ	106
割	gē	거	kɤ	091
肐	gē	거	kɤ	041
革	gé	거	kɤ	019
閣	gé	거	kɤ	009
蛤	gé	거	kɤ	115
箇	gè	거	kɤ	004
給	gěi	긔	kəi	013
根	gēn	근	kən	040
跟	gēn	근	kən	033
庚	gēng	궁	kəŋ	038
庚	gēng	승	kəŋ	050
羹	gēng	승	kəŋ	096
耕	gēng	징	tɕiŋ	090
更	gēng	징	tɕiŋ	005
弓	gōng	궁	kuŋ	006
公	gōng	궁	kuŋ	010
供	gōng	궁	kuŋ	020
工	gōng	궁	kuŋ	037
恭	gōng	궁	kuŋ	050
蚣	gōng	궁	kuŋ	112
宮	gōng	궁	kuŋ	008
貢	gòng	궁	kuŋ	022
溝	gōu	쿠	kəu	007
鉤	gōu	쿠	kəu	029
狗	gǒu	쿠	kəu	025
垢	gòu	쿠	kəu	055
估	gū	구	ku	078
姑	gū	구	ku	066
咕	gū	구	ku	046
苽	gū	과	kua	064

穀	gǔ	구	ku	091
鼓	gǔ	구	ku	026
骨	gǔ	구	ku	024
固	gù	구	ku	018
瓜	guā	과	kua	094
苽	guā	과	kua	064
刮	guā	콰	kʼua	059
刮	guā	과	kua	001
掛	guà	과	kua	060
褂	guà	과	kua	053
卦	guà	과	kua	072
官	guān	관	kuan	009
棺	guān	관	kuan	051
觀	guān	관	kuan	034
關	guān	관	kuan	030
舘	guǎn	관	kuan	029
管	guǎn	관	kuan	017
冠	guàn	관	kuan	017
鑵	guàn	관	kuan	072
罐	guàn	관	kuan	097
光	guāng	광	kuaŋ	014
廣	guǎng	광	kuaŋ	119
歸	guī	귀	kui	050
龜	guī	쥑	tɕiu	115
鬼	guǐ	귀	kui	036
詭	guǐ	게	kuɤi	035
跪	guì	게	kuɤi	048
劊	guì	게	kuɤi	076
貴	guì	귀	kui	037
桂	guì	귀	kui	118
檜	guì	귀	kui	118

滾	gǔn	군	kun	....	108
棍	gùn	군	kun	....	076
鍋	guō	궈	kuɤ	....	078
郭	guō	궈	kuɤ	....	020
果	guǒ	궈	kuɤ	....	063
菓	guǒ	궈	kuɤ	....	078
裹	guǒ	과	kua	....	055
過	guò	궈	kuɤ	....	030

H

蛤	há	하	xa	....	113
孩	hái	해	xai	....	045
海	hǎi	해	xai	....	007
害	hài	해	xai	....	006
寒	hán	한	xan	....	045
含	hán	한	xan	....	062
喊	hǎn	한	xan	....	026
罕	hǎn	한	xan	....	080
頷	hàn	커	kʼɤ	....	041
翰	hàn	한	xan	....	010
汗	hàn	한	xan	....	053
漢	hàn	한	xan	....	034
旱	hàn	한	xan	....	002
行	háng	항	xaŋ	....	089
杭	háng	항	xaŋ	....	079
蒿	hāo	핫	xao	....	093
毫	háo	핫	xao	....	098
壕	háo	핫	xao	....	020
好	hǎo	핫	xao	....	034
號	hào	핫	xao	....	028

鬍	hú	후	xu	035
斛	hú	후	xu	030
衚	hú	후	xu	007
壺	hú	후	xu	100
狐	hú	후	xu	111
琥	hǔ	후	xu	081
虎	hǔ	후	xu	042
護	hù	후	xu	089
戶	hù	후	xu	091
花	huā	화	xua	003
華	huá	화	xua	001
鏵	huá	화	xua	090
猾	huá	화	xua	035
劃	huá	화	xua	103
畫	huà	화	xua	080
話	huà	화	xua	039
化	huà	화	xua	003
樺	huà	화	xua	119
槐	huái	홰	xuai	118
懷	huái	홰	xuai	044
踝	huái	귀	kuɤ	043
壞	huài	홰	xuai	074
還	huán	환	xuan	020
鬟	huán	환	xuan	033
喚	huàn	환	xuan	049
荒	huāng	황	xuaŋ	090
慌	huāng	황	xuaŋ	061
黃	huáng	황	xuaŋ	023
皇	huáng	황	xuaŋ	020
隍	huáng	황	xuaŋ	032
蝗	huáng	황	xuaŋ	113

凰	huáng	황	xuaŋ	....	105
幌	huáng	황	xuaŋ	....	079
謊	huǎng	황	xuaŋ	....	045
灰	huī	휘	xui	....	008
麾	huī	휘	xui	....	017
徽	huī	휘	xui	....	119
回	huí	휘	xui	....	010
迴	huí	휘	xui	....	048
蛔	huí	휘	xui	....	112
會	huì	휘	xui	....	023
昏	hūn	훈	xun	....	069
葷	hūn	훈	xun	....	061
婚	hūn	훈	xun	....	050
混	hùn	훈	xun	....	039
活	huó	호	xo	....	007
火	huǒ	호	xo	....	028
夥	huǒ	호	xo	....	077
貨	huò	호	xo	....	078

J

擊	jī	지	tɕi	....	017
鷄	jī	지	tɕi	....	059
芽	jī	치	tɕʻi	....	052
機	jī	치	tɕʻi	....	083
箕	jī	치	tɕʻi	....	097
蒺	jí	지	tɕi	....	028
籍	jí	지	tɕi	....	038
急	jí	지	tɕi	....	046
疾	jí	지	tɕi	....	069
集	jí	지	tɕi	....	077

吉	jí	지	tɕi	087
吉	jí	진	tɕin	120
存	jǐ	지	tɕi	024
祭	jì	지	tɕi	019
寂	jì	지	tɕi	032
計	jì	지	tɕi	077
技	jì	지	tɕi	104
薺	jì	지	tɕi	093
劑	jì	지	tɕi	114
季	jì	지	tɕi	116
夾	jiā	쟈	tɕĭa	020
挾	jiā	쟈	tɕĭa	048
家	jiā	쟈	tɕĭa	012
枷	jiā	쟈	tɕĭa	075
袈	jiā	쟈	tɕĭa	032
甲	jiǎ	쟈	tɕĭa	027
架	jià	쟈	tɕĭa	022
價	jià	쟈	tɕĭa	079
嫁	jià	쟈	tɕĭa	050
尖	jiān	쟌	tɕĭan	041
肩	jiān	쟌	tɕĭan	041
姦	jiān	쟌	tɕĭan	035
檢	jiǎn	쟌	tɕĭan	015
筧	jiǎn	견	kĭɤn	025
繭	jiǎn	젼	tɕĭuĭɤn	083
揀	jiǎn	쟌	tɕĭan	073
監	jiàn	쟌	tɕĭan	013
建	jiàn	쟌	tɕĭan	119
見	jiàn	쟌	tɕĭan	070
件	jiàn	쟌	tɕĭan	060
劍	jiàn	쟌	tɕĭan	028

戒	jiè	지	tɕi ································· 019
戒	jiè	졔	tɕǐvi > tɕǐe ··············· 53
疥	jiè	졔	tɕǐvi > tɕǐe ··············· 70
界	jiè	졔	tɕǐvi > tɕǐe ··············· 85
芥	jiè	졔	tɕǐvi > tɕǐe ··············· 93
今	jīn	진	tɕin ································ 003
金	jīn	진	tɕin ································ 027
襟	jīn	진	tɕin ································ 053
筋	jīn	진	tɕin ································ 027
禁	jīn	진	tɕin ································ 009
溎	jìn	진	tɕin ································ 045
盡	jìn	진	tɕin ································ 004
菁	jīng	칭	tɕ´iŋ ······························ 093
經	jīng	징	tɕiŋ ································ 013
荊	jīng	징	tɕiŋ ································ 118
粳	jīng	징	tɕiŋ ································ 091
晶	jīng	징	tɕiŋ ································ 081
京	jīng	징	tɕiŋ ································ 013
睛	jìng	징	tɕiŋ ································ 040
敬	jìng	징	tɕiŋ ································ 037
靜	jìng	징	tɕiŋ ································ 047
鏡	jìng	징	tɕiŋ ································ 057
九	jiǔ	쥬	tɕiu ································ 016
酒	jiǔ	쥬	tɕiu ································ 020
韭	jiǔ	쥬	tɕiu ································ 093
灸	jiǔ	쥬	tɕiu ································ 072
舅	jiù	쥬	tɕiu ································ 065
舊	jiù	쥬	tɕiu ································ 004
就	jiù	주	tɕu ································· 080
駒	jū	쥐	tɕǐui > tɕiy > tɕy ··················· 08
菊	jú	귀	kui ································· 116

橘	jú	쥐	tɕui > tɕy	63
擧	jǔ	쥐	tɕǎui > tɕɑiy > tɕy	22
鉅	jù	쥬	tɕǎu	099
苣	jù	규	kǐu	093
句	jù	쥬	tɕǎu	022
捲	juǎn	쥔	tɕǎuĭγn	083
眷	juàn	쥔	tɕǎuĭγn	038
絹	juàn	쥔	tɕǎuĭγn	087
決	jué	쥐	tɕǎui	076
蹷	jué	췌	tɕ'ĭuĭγi	036
譎	jué	궤	kuγi	035
軍	jūn	쥰	tɕǎun	016
莙	jūn	쥰	tɕǎun	095

K

開	kāi	캐	k'ai	004
坎	kǎn	칸	k'an	024
看	kàn	칸	k'an	010
扛	káng	캉	k'aŋ	075
炕	kàng	캉	k'aŋ	025
考	kǎo	콴	k'ao	022
拷	kǎo	콴	k'ao	076
爁	kǎo	콴	k'ao	006
靠	kào	콴	k'ao	048
科	kē	커	k'γ	022
渴	kě	커	k'γ	046
騍	kè	커	k'γ	108
刻	kè	커	k'γ	045
客	kè	커	k'γ	023
齦	kěn	큰	k'ən	062

癩	lài	래	lai	070
癩	lài	라	la	071
懶	lán	라	la	035
藍	lán	란	lan	084
欄	lán	란	lan	085
蘭	lán	란	lan	085
攔	lán	란	lan	110
爛	làn	란	lan	057
郎	láng	랑	laŋ	013
榔	láng	랑	laŋ	064
琅	láng	랑	laŋ	081
狼	láng	랑	laŋ	111
螂	láng	랑	laŋ	113
朗	lăng	랑	laŋ	001
浪	làng	랑	laŋ	007
撈	lāo	랃	lao	028
牢	láo	랃	lao	075
老	lăo	랃	lao	001
澇	lào	랃	lao	004
雷	léi	레	lʋi	002
累	léi	루	lu	074
類	lèi	루	lu	001
肋	lèi	레	lʋi	042
冷	lěng	릉	ləŋ	005
籬	lí	리	li	025
藜	lí	리	li	028
梨	lí	리	li	063
犂	lí	리	li	090
鸝	lí	리	li	107
狸	lí	리	li	111
理	lǐ	리	li	006

兩	liǎng	량	liǎŋ	029
亮	liàng	량	liǎŋ	001
涼	liàng	량	liǎŋ	005
輛	liàng	량	liǎŋ	103
撩	liáo	랸	liǎo	055
了	liǎo	랸	liǎo	026
暸	liǎo	랸	liǎo	047
蓼	liǎo	랸	liǎo	060
鐐	liào	랸	liǎo	075
料	liào	랸	liǎo	083
咧	lié	려	liǐ	021
霖	lín	린	lin	002
林	lín	린	lin	010
臨	lín	린	lin	044
鱗	lín	린	lin	059
麟	lín	린	lin	107
檁	lǐn	린	lin	024
痳	lǐn	린	lin	071
翎	líng	링	liŋ	018
伶	líng	링	liŋ	035
靈	líng	링	liŋ	039
靈	líng	링	liŋ	051
菱	líng	링	liŋ	064
零	líng	링	liŋ	087
綾	líng	링	liŋ	087
蛉	líng	링	liŋ	114
稜	líng	링	liŋ	116
嶺	lǐng	링	liŋ	006
領	lǐng	링	liŋ	016
令	lìng	링	liŋ	003
流	liú	뤼	liu	048

留	liú	류	liu	069
硫	liú	류	liu	081
琉	liú	류	liu	082
騮	liú	류	liu	107
柳	liǔ	류	liu	084
六	liù	류	liu	010
足留	liù	류	liu	048
溜	liù	류	liu	110
聾	lóng	롱	luŋ	036
革龍	lóng	롱	luŋ	101
龍	lóng	롱	luŋ	114
籠	lóng	롱	luŋ	097
有龍	lǒng	롱	luŋ	103
弄	lòng	롱	luŋ	034
搜	lōu	루	ləu	048
樓	lóu	루	ləu	020
蔞	lóu	루	lu	095
漏	lòu	루	ləu	100
臚	lú	루	lu	014
爐	lú	루	lu	025
蘆	lú	루	lu	093
鱸	lú	루	lu	115
櫓	lǔ	루	lu	103
露	lù	루	lu	002
路	lù	루	lu	006
祿	lù	루	lu	014
鹿	lù	루	lu	058
轆	lù	루	lu	097
轤	lu	루	lu	097
驢	lú	루	lu	038
鑪	lú	뤼	lui	108

綠	lǜ	루	lu	059
綠	lǜ	뤼	lui	084
菉	lǜ	뤼	lui	092
鑾	luán	란	lan	016
卵	luǎn	란	lan	043
畧	lüè	럄	lǐao	109
輪	lún	륜	lǐun	040
圇	lún	륜	lǐun	062
螺	luó	루	lu	032
鑼	luó	로	lo	032
蘿	luó	로	lo	061
羅	luó	로	lo	063
騾	luó	로	lo	108
欏	luó	로	lo	117
落	luò	로	lo	007
絡	luò	로	lo	083
駱	luò	로	lo	111

M

媽	mā	마	ma	067
螞	mā	마	ma	113
麻	má	마	ma	092
蟇	má	마	ma	113
馬	mǎ	마	ma	007
瑪	mǎ	마	ma	081
罵	mà	마	ma	038
榪	mà	마	ma	096
嫫	ma	마	ma	113
埋	mái	매	mai	026
買	mǎi	매	mai	077

脉	mài	매	mai	072
賣	mài	매	mai	073
麥	mài	매	mai	091
饅	mán	만	man	060
滿	mǎn	만	man	051
懣	mǎn	만	man	069
蔓	màn	만	man	093
蟒	mǎng	망	maŋ	035
茅	máo	모	mao	025
猫	máo	모	mao	102
毛	máo	모	mao	109
冒	mào	모	mao	002
帽	mào	모	mao	052
瑁	mào	무	mu	082
沒	méi	메	mvi	039
媒	méi	메	mvi	050
眉	méi	메	mvi	056
煤	méi	메	mvi	062
梅	méi	메	mvi	064
妹	mèi	메	mvi	066
悶	mēn	먼	mvn	045
門	mén	믄	mən	009
朦	méng	멍	mvŋ	036
夢	měng	믕	məŋ	049
咪	mī	미	mi	046
眯	mī	미	mi	047
迷	mí	미	mi	030
彌	mí	미	mi	031
米	mǐ	미	mi	057
密	mì	미	mi	040
蜜	mì	미	mi	060

縣	mián	면	mĭɤn	054
眠	mián	면	mĭɤn	082
面	miàn	면	mĭɤn	034
麵	miàn	면	mĭɤn	060
描	miáo	먙	mĭao	056
苗	miáo	먙	mĭao	070
廟	miào	먙	mĭao	019
民	mín	민	min	115
抿	mǐn	민	min	048
明	míng	밍	miŋ	004
名	míng	밍	miŋ	011
螟	míng	밍	miŋ	114
命	mìng	밍	miŋ	034
磨	mó	모	mo	016
抹	mǒ	머	mɤ	105
沫	mò	모	mo	002
墨	mò	머	mɤ	022
拇	mǔ	무	mu	042
母	mǔ	무	mu	065
毋	mǔ	무	mu	106
目	mù	무	mu	016
木	mù	무	mu	021
牧	mù	무	mu	085

N

呐	nà	누	nu	026
衲	nà	나	na	089
妳	nǎi	내	nai	033
耐	nài	내	nai	069
男	nán	난	nan	012

難	nán	난	nan	062
南	nán	난	nan	078
腦	nǎo	뇨	nao	039
瑙	nǎo	뇨	nao	081
鬧	nào	뇨	nao	046
內	nèi	네	nvi	008
嫩	nèn	른	lən	043
妮	nī	니	ni	034
尼	ní	니	ni	031
泥	ní	니	ni	031
年	nián	년	nĭɤn	004
粘	nián	년	nĭɤn	092
撚	niǎn	년	nĭɤn	047
碾	niǎn	년	nĭɤn	097
念	niàn	년	nĭɤn	020
孃	niáng	냥	nĭaŋ	037
娘	niáng	냥	nĭaŋ	038
釀	niàng	양	ĭaŋ	058
鳥	niǎo	뇨	nĭao	086
溺	niào	뇨	nĭao	043
鑷	niè	녀	nĭɤ	056
擰	nǐng	닝	niŋ	088
濘	nìng	닝	niŋ	007
牛	niú	부	niu	058
扭	niǔ	부	niu	047
紐	niǔ	부	niu	055
噥	nóng	눙	nuŋ	046
濃	nóng	룽	luŋ	049
農	nóng	눙	nuŋ	090
奴	nú	누	nu	033
弩	nǔ	뇨	nao	027

噴	pēn	픈	p′ən	045
盆	pén	픈	p′ən	095
棚	péng	픙	p′əŋ	024
逢	péng	픙	p′əŋ	052
硼	péng	봉	fəŋ	081
批	pī	피	p′i	011
劈	pī	피	p′i	062
披	pī	피	p′i	100
皮	pí	피	p′i	034
痞	pǐ	피	p′i	069
屁	pì	피	p′i	043
片	piān	편	p′ĭɤn	059
偏	piān	편	p′ĭɤn	062
漂	piāo	퍞	p′ĭao	087
瓢	piáo	퍞	p′ĭao	097
撇	piē	퍼	p′ɤ	105
品	pǐn	핀	p′in	034
評	píng	핑	p′iŋ	015
平	píng	핑	p′iŋ	080
瓶	píng	핑	p′iŋ	096
屏	píng	핑	p′iŋ	100
坡	pō	퍼	p′ɤ	006
婆	pó	포	p′o	051
婆	pó	퍼	p′ɤ	065
破	pò	퍼	p′ɤ	073
珀	pò	퍼	p′ɤ	081
鋪	pū	푸	p′u	029
撲	pū	반	pao	113
僕	pú	부	pu	014
葡	pú	푸	p′u	063
蒲	pú	푸	p′u	117

Q

七	qī	치	tɕʹi	085
騎	qí	치	tɕʹi	018
齋	qí	재	tsai	019
旗	qí	치	tɕʹi	028
臍	qí	치	tɕʹi	042
齊	qí	치	tɕʹi	095
萁	qí	치	tɕʹi	105
麒	qí	치	tɕʹi	107
蠐	qí	치	tɕʹi	113
起	qǐ	치	tɕʹi	029
氣	qì	치	tɕʹi	005
器	qì	치	tɕʹi	039
契	qì	지	tɕi	080
千	qiān	천	tsʹɪɤn	018
韆	qiān	천	tsʹɪɤn	105
前	qián	천	tsʹɪɤn	003
錢	qián	천	tsʹɪɤn	030
淺	qiǎn	천	tsʹɪɤn	084
欠	qiàn	천	tsʹɪɤn	080
槍	qiāng	챵	tɕʹɪaŋ	027
鎗	qiāng	챵	tɕʹɪaŋ	028
搶	qiāng	챵	tɕʹɪaŋ	074
鏘	qiāng	쟝	tɕɪaŋ	102
墻	qiáng	챵	tɕʹɪaŋ	025
强	qiáng	챵	tɕʹɪaŋ	046
薔	qiáng	챵	tɕʹɪaŋ	116
鍬	qiāo	칟	tɕʹiu	090
雀	qiāo	챤	tɕʹɪao	105
橋	qiáo	챤	tɕʹɪao	011
瞧	qiǎo	챤	tɕʹɪao	043

蕎	qiáo	챤	tɕʼĭao ································· 091
轎	qiào	챤	tɕʼĭao ································· 099
切	qiē	체	tɕʼĭvi ＞ tɕʼĭe ················ 60
茄	qié	처	tɕʼĭv ·································· 094
欽	qīn	친	tɕʼin ·································· 019
親	qīn	친	tɕʼin ·································· 026
芹	qín	진	tɕin ··································· 093
芹	qín	친	tɕʼin ·································· 095
禽	qín	친	tɕʼin ·································· 105
輕	qīng	칭	tɕʼiŋ ································· 003
淸	qīng	칭	tɕʼiŋ ································· 005
卿	qīng	칭	tɕʼiŋ ································· 014
靑	qīng	칭	tɕʼiŋ ································· 108
蜻	qīng	칭	tɕʼiŋ ································· 112
請	qǐng	칭	tɕʼiŋ ································· 067
慶	qìng	칭	tɕʼiŋ ································· 049
秋	qiū	취	tɕʼiu ································· 003
蚯	qiū	쿠	kʼəu ·································· 071
鞦	qiū	취	tɕʼiu ································· 105
囚	qiú	취	tɕʼiu ································· 076
毬	qiú	취	tɕʼiu ································· 104
曲	qū	취	tɕʼĭui ＞ tɕʼĭy ＞ tɕʼy ·········· 043
麴	qū	취	tɕʼui ＞ tɕʼy ················· 058
蛆	qū	쥬	tɕǎu ································· 012
蟈	qū	취	tɕʼui ＞ tɕʼy ················· 112
聚	qǔ	취	tɕʼui ＞ tɕʼy ················· 050
取	qǔ	취	tɕʼui ＞ tɕʼy ················· 076
去	qù	취	tɕʼĭui ＞ tɕʼĭy ＞ tɕʼy ········· 051
圈	quān	천	tɕʼĭuĭvn ··························· 052
拳	quán	천	tɕʼĭuĭvn ··························· 042
勸	quàn	천	tɕʼĭuĭvn ··························· 075

撒	sā	싸	sa	027
三	sān	쌴	sǐan	007
參	sān	쌴	sǐan	001
散	sǎn	싼	san	017
傘	sǎn	싼	san	098
喪	sāng	쌍	saŋ	051
桑	sāng	쌍	sǐaŋ	082
嗓	sāng	쌍	saŋ	041
臊	sāo	산	sao	112
掃	sǎo	쌴	sǐao	008
嫂	sǎo	산	sǐao	066
色	sè	새	sai	047
澀	sè	서	sγ	062
僧	sēng	승	səŋ	031
沙	shā	싸	ṣǐa	007
裟	shā	사	ṣa	032
紗	shā	싸	ṣa	052
砂	shā	사	ṣa	081
紗	shā	사	ṣa	087
鯊	shā	싸	ṣa	114
莎	shā	쌰	ṣǐa	117
嗄	shà	해	xai	045
醨	shài	쌔	ṣai	068
曬	shài	쌔	ṣǐai	092
山	shān	쌴	ṣǐan	006
衫	shān	산	ṣan	053
珊	shān	산	ṣan	081
山	shān	쌴	ṣan	081
搧	shān	쌴	ṣǐan	106
山	shān	쏸	ṣuan	111

師	shī	쓰	ʂɿ	021
詩	shī	스	ʂɿ	022
尸	shī	스	ʂɿ	051
屍	shī	스	ʂɿ	051
獅	shī	쓰	ʂɿ	111
虱	shī	서	ʂɤ	112
蝕	shí	시	ʂl	001
時	shí	시	ʂl	003
十	shí	씨	ʂl	007
石	shí	시	ʂl	021
食	shí	시	ʂl	025
拾	shí	시	ʂl	030
實	shí	시	ʂl	035
十	shí	시	ʂl	073
寔	shí	시	ʂl	088
使	shǐ	쓰	ʂɿ	014
史	shǐ	쓰	ʂɿ	014
失	shǐ	시	ʂl	108
屎	shǐ	시	ʂl	151
事	shì	스	ʂɿ	010
示	shì	쓰	ʂɿ	010
式	shì	시	ʂl	010
事	shì	쓰	ʂɿ	013
侍	shì	시	ʂl	014
士	shì	쓰	ʂɿ	015
世	shì	씨	ʂl	019
試	shì	스	ʂɿ	022
勢	shì	시	ʂl	047
市	shì	스	ʂɿ	051
柿	shì	스	ʂɿ	063
筮	shì	시	ʂl	072

餙	shì	시	ʂɿ	078
螫	shì	셔	ʂɿɤ	114
收	shōu	싀	ʂiu	030
守	shǒu	싀	ʂiu	017
手	shǒu	싀	ʂiu	026
首	shǒu	싀	ʂiu	078
授	shòu	싀	ʂiu	015
瘦	shòu	슈	ʂəu	028
獸	shòu	싀	ʂiu	028
瘦	shòu	싀	ʂiu	036
書	shū	슈	ʂĭu	010
舒	shū	슈	ʂĭu	046
梳	shū	수	ʂu	055
叔	shū	수	ʂu	065
疎	shū	수	ʂu	088
蔬	shū	수	ʂu	093
贖	shú	수	ʂu	080
屬	shǔ	슈	ʂĭu	065
數	shǔ	수	ʂu	073
蜀	shǔ	수	ʂu	092
鼠	shǔ	쉬	ʂui	106
漱	shù	수	ʂu	056
樹	shù	슈	ʂĭu	063
術	shù	츄	tʂˊĭu	094
豎	shù	슈	ʂĭu	103
刷	shuā	쏴	ʂua	097
刷	shuā	솨	ʂua	100
耍	shuǎ	솨	ʂua	104
摔	shuāi	쐐	ʂuai	104
霜	shuāng	쌍	ʂuaŋ	002
雙	shuāng	쌍	ʂuaŋ	068

爽	shuǎng	쌍	ʂuaŋ	005
水	shuǐ	쉬	ʂui	002
稅	shuì	쉬	ʂui	030
睡	shuì	쉬	ʂui	049
說	shuō	쉐	ʂuǐɤ	105
司	sī	쓰	sɿ	013
厮	sī	스	sɿ	025
私	sī	스	sɿ	067
絲	sī	쓰	sɿ	083
絲	sī	스	sɿ	093
死	sǐ	쓰	sɿ	076
寺	sì	쓰	sɿ	014
祀	sì	쓰	sɿ	019
四	sì	쓰	sɿ	107
泗	sì	쓰	sɿ	120
鬆	sōng	쑹	sǐuŋ	002
松	sōng	숭	suŋ	095
送	sòng	쑹	suŋ	050
訟	sòng	숭	suŋ	074
搜	sōu	수	səu	028
餿	sōu	수	səu	057
嗽	sòu	수	səu	045
酥	sū	수	su	059
蘇	sū	수	su	061
甦	sū	수	su	072
嗉	sù	수	su	041
肅	sù	수	su	120
酸	suān	쏸	suan	061
算	suàn	쏸	suan	034
蒜	suàn	쏸	suan	093
歲	suì	쉬	sui	032

碎	suì	쉬	sui	035
穗	suì	쉬	sui	088
穗	suì	쉬	sui	091
猻	sūn	쑨	sun	111
筍	sǔn	숭	sǐun	094
簑	suō	소	so	054
梭	suō	소	so	083
所	suǒ	소	so	018
鎖	suǒ	쏘	so	020
索	suǒ	소	so	105

T

塌	tā	타	t'a	021
他	tā	타	t'a	038
塔	tǎ	타	t'a	031
獺	tǎ	타	t'a	111
踏	tà	다	ta	006
臺	tāi	태	t'ai	024
胎	tāi	태	t'ai	044
苔	tāi	태	t'ai	117
擡	tái	태	t'ai	028
太	tài	태	t'ai	008
灘	tān	탄	t'an	007
貪	tān	탄	t'an	062
癱	tān	탄	t'an	069
痰	tán	탄	t'an	045
彈	tán	탄	t'an	100
坦	tǎn	탄	t'an	069
毯	tǎn	탄	t'an	098
探	tàn	탄	t'an	023

歎	tàn	탄	t'an ··· 046
炭	tàn	탄	t'an ··· 062
湯	tāng	탕	t'aŋ ··· 057
堂	táng	탕	t'aŋ ··· 009
塘	táng	탕	t'aŋ ··· 011
膛	táng	탕	t'aŋ ··· 042
踢	táng	탕	t'aŋ ··· 048
糖	táng	탕	t'aŋ ··· 059
棠	táng	탕	t'aŋ ··· 116
帑	tāng	탕	t'aŋ ··· 009
掏	tāo	돨	t'ao ··· 057
淘	táo	돨	t'ao ··· 045
桃	táo	돨	t'ao ··· 063
萄	táo	돨	t'ao ··· 063
討	tǎo	돨	t'ao ··· 080
套	tào	돨	t'ao ··· 052
謄	téng	틍	t'əŋ ··· 010
疼	téng	틍	t'əŋ ··· 069
體	tī	티	t'i ··· 039
剔	tī	티	t'i ··· 098
踢	tī	티	t'i ··· 104
提	tí	티	t'i ··· 016
題	tí	티	t'i ··· 023
啼	tí	티	t'i ··· 051
蹄	tí	티	t'i ··· 094
緹	tí	티	t'i ··· 102
剃	tì	티	t'i ··· 037
嚏	tì	티	t'i ··· 045
替	tì	티	t'i ··· 101
天	tiān	텬	t'ïvn ··· 001
添	tiān	텬	t'ïvn ··· 045

塡	tián	뎐	tĭɤn	008
佃	tián	뎐	t´ĭɤn	028
鈿	tián	뎐	tĭɤn	053
甛	tián	뎐	t´ĭɤn	063
田	tián	뎐	t´ĭɤn	090
挑	tiāo	탸	t´ĭao	095
調	tiáo	탸	t´ĭao	078
條	tiáo	탸	t´ĭao	042
條	tiáo	탸	t´ĭao	059
茗	tiáo	탸	t´ĭao	097
跳	tiào	탸	t´ĭao	020
帖	tiē	톄	t´ĭɤi	011
貼	tiē	텨	t´ĭɤ	072
鐵	tiě	텨	t´ĭɤ	025
廳	tīng	팅	t´iŋ	023
亭	tíng	팅	t´iŋ	024
停	tíng	팅	t´iŋ	051
蜓	tíng	팅	t´iŋ	112
通	tōng	퉁	t´uŋ	049
桶	tōng	퉁	t´uŋ	097
同	tóng	퉁	t´uŋ	013
同瓦	tóng	퉁	t´uŋ	024
銅	tóng	퉁	t´uŋ	032
瞳	tóng	퉁	t´uŋ	040
桐	tóng	퉁	t´uŋ	118
統	tǒng	퉁	t´uŋ	016
衕	tòng	퉁	t´uŋ	007
偸	tōu	투	t´əu	047
頭	tóu	투	t´əu	001
透	tòu	투	t´əu	101
禿	tū	투	t´u	022

涂	tú	촤	ts′ua	006
徒	tú	투	t′u	021
塗	tú	투	t′u	034
屠	tú	투	t′əu	037
吐	tŭ	투	t′u	045
土	tŭ	투	t′u	112
兎	tù	투	t′u	058
推	tuī	튀	t′ui	099
腿	tuĭ	튀	t′ui	045
退	tuì	튀	t′ui	009
蛻	tuì	튀	t′ui	114
呑	tūn	튼	t′ən	062
囤	tún	둔	tun	030
臀	tún	툰	t′un	043
豚	tún	둔	tun	115
托	tuō	토	t′o	024
脫	tuō	토	t′o	051
拖	tuō	토	t′o	080
駝	tuó	토	t′o	085
馱	tuó	토	t′o	102
柁	tuó	타	t′a	102
唾	tuò	투	t′u	045

W

哇	wā	괘	kuai	044
凹	wā	와	ua	053
蛙	wā	와	ua	115
瓦	wǎ	와	ua′	023
襪	wà	와	ua	054
盂	wāi	왜	uai	036

外	wài	왜	uai	013
彎	wān	완	uan	006
灣	wān	완	uan	007
剜	wān	완	uan	101
丸	wán	환	xuan	072
完	wán	완	uan	068
頑	wán	완	uan	104
晚	wǎn	완	uan	005
綰	wǎn	완	uan	056
莞	wǎn	완	uan	092
碗	wǎn	완	uan	095
萬	wàn	완	uan	032
腕	wàn	완	uan	041
王	wáng	왕	uaŋ	008
往	wǎng	왕	uaŋ	004
網	wǎng	왕	uaŋ	028
望	wàng	왕	uaŋ	047
委	wēi	위	ui	019
薇	wēi	위	ui	116
圍	wéi	위	ui	028
桅	wéi	위	ui	103
尾	wěi	이	i	001
葦	wěi	위	ui	116
衛	wèi	위	ui	026
未	wèi	위	ui	044
味	wèi	위	ui	061
文	wén	운	un	010
紋	wén	운	un	042
蚊	wén	운	un	113
吻	wěn	운	un	040
穩	wěn	운	un	045

問	wèn	운	un	015
窩	wō	위	uɣ	024
萵	wō	오	o	093
倭	wō	위	uɣ	094
臥	wò	위	uɣ	023
屋	wū	우	u	023
烏	wū	우	u	115
蜈	wú	우	u	112
梧	wú	우	u	118
午	wǔ	우	u	005
五	wǔ	우	u	058
霧	wù	우	u	002
務	wù	우	u	010
悮	wù	우	u	030

X

稀	xī	시	ɕi	022
膝	xī	시	ɕi	043
息	xī	시	ɕi	045
西	xī	시	ɕi	064
錫	xī	시	ɕi	082
犀	xī	시	ɕi	082
媳	xí	시	ɕi	050
席	xí	시	ɕi	098
襲	xí	시	ɕi	109
洗	xǐ	시	ɕi	013
喜	xǐ	시	ɕi	023
戱	xì	시	ɕi	028
瞎	xiā	싸	sa	036
鰕	xiā	싸	ɕia	115

暇	xiá	쟈	tɕǐa	012
匣	xiá	쌰	ɕǐa	097
下	xià	쌰	ɕǐa	002
夏	xià	쌰	ɕǐa	003
嚇	xià	쌰	ɕǐa	038
仙	xiān	쎤	ɕǐɤn	096
弦	xián	션	ɕǐɤn	006
醎	xián	쎤	ɕǐɤn	061
絃	xián	쒼	ɕǐuǐɤn	027
癇	xián	쟌	tɕǐan	071
現	xiàn	쎤	ɕǐɤn	001
縣	xiàn	쎤	ɕǐɤn	009
憲	xiàn	쒼	ɕǐuǐɤn	011
獻	xiàn	쎤	ɕǐɤn	020
莧	xiàn	쟌	tɕǐan	064
線	xiàn	션	ɕǐɤn	088
線	xiàn	쎤	ɕǐɤn	088
香	xiāng	썅	ɕǐaŋ	020
鄕	xiāng	썅	ɕǐaŋ	022
廂	xiāng	썅	ɕǐaŋ	024
相	xiāng	샹	ɕǐaŋ	034
鑲	xiāng	양	ǐaŋ	089
箱	xiāng	썅	ɕǐaŋ	097
祥	xiáng	썅	ɕǐaŋ	087
響	xiǎng	썅	ɕǐaŋ	047
享	xiǎng	싱	ɕiŋ	067
像	xiàng	샹	ɕǐaŋ	031
象	xiàng	쌍	ɕǐaŋ	082
宵	xiāo	쌰	tɕǐao	004
驍	xiāo	쌰	ɕǐao	018
綃	xiāo	챤	ts'ao	086

小	xiǎo	쌰	ɕi̯ao	004
孝	xiào	쌰	ɕi̯ao	051
些	xiē	셔	ɕi̯ɤ	072
蠍	xiē	셔	ɕi̯ɤ	113
協	xié	셰	ɕi̯ɤi > ɕi̯e	17
斜	xié	셰	ɕi̯ɤi > ɕi̯e	36
鞋	xié	셰	ɕi̯ɤi > ɕi̯e	55
斜	xié	셔	ɕi̯ɤ	089
寫	xiě	셔	ɕi̯ɤ	022
血	xiě	셰	ɕi̯ɤi > ɕi̯e	44
卸	xiè	셰	ɕi̯ɤi > ɕi̯e	27
卸	xiè	셔	ɕi̯ɤ	103
蟹	xiè	해	xai	115
謝	xiè	셔	ɕi̯ɤ	117
心	xīn	신	ɕin	039
信	xìn	신	ɕin	011
顖	xìn	신	ɕin	039
星	xīng	싱	ɕiŋ	001
腥	xīng	싱	ɕiŋ	061
行	xíng	싱	ɕiŋ	032
刑	xíng	싱	ɕiŋ	075
醒	xǐng	싱	ɕiŋ	072
姓	xìng	싱	ɕiŋ	037
性	xìng	싱	ɕiŋ	046
悻	xìng	싱	ɕiŋ	048
杏	xìng	싱	ɕiŋ	063
胸	xiōng	숑	ɕi̯uŋ	042
兄	xiōng	숑	ɕi̯uŋ	066
熊	xióng	쓩	suŋ	111
修	xiū	식	ɕiu	015
羞	xiū	쌰	ɕi̯ao	046

啞	yǎ	야	ǐa 036
烟	yān	연	ǐɤn 020
醃	yān	연	ǐɤn 060
沿	yán	연	ǐɤn 007
簷	yán	연	ǐɤn 052
鉛	yán	연	ǐɤn 082
塩	yán	연	ǐɤn 078
宴	yán	연	ǐɤn 067
眼	yǎn	안	ǐɑn 023
蔦	yàn	연	ǐɤn 107
鴦	yāng	앙	aŋ 086
陽	yáng	양	ǐaŋ 001
羊	yáng	양	ǐaŋ 025
洋	yáng	양	ǐaŋ 044
楊	yáng	양	ǐaŋ 070
仰	yǎng	양	ǐaŋ 024
養	yǎng	양	ǐaŋ 037
腰	yáo	왇	ǐao 006
窯	yāo	왇	ǐao 025
搖	yáo	왇	ǐao 079
敵	yáo	왇	ǐao 111
舀	yáo	왇	ǐao 057
鑰	yào	왇	ǐao 021
藥	yào	왇	ǐao 071
鷄	yào	왇	ǐao 106
瘡	yào	왇	ǐao 070
噎	yē	어	ɣ 045
爺	yé	여	ǐɣ 037
野	yě	여	ǐɣ 061
夜	yè	여	ǐɣ 005
業	yè	여	ǐɣ 013

葉	yè	여	ǐɤ	078
壹	yī	이	i	029
醫	yī	이	i	034
一	yī	이	i	049
衣	yī	이	i	055
椅	yī	이	i	100
儀	yí	이	i	016
姨	yí	이	i	065
蟻	yǐ	이	i	113
意	yì	이	i	011
議	yì	이	i	013
驛	yì	이	i	016
翼	yì	이	i	017
陰	yīn	인	in	002
因	yīn	인	in	089
銀	yín	인	in	078
尹	yǐn	인	in	014
飮	yǐn	인	in	068
蚓	yǐn	인	in	071
引	yǐn	인	in	072
印	yìn	인	in	010
鷹	yīng	잉	iŋ	028
應	yīng	잉	iŋ	049
罌	yīng	잉	iŋ	084
鸚	yīng	잉	iŋ	106
營	yíng	잉	iŋ	017
蠅	yíng	잉	iŋ	097
影	yǐng	잉	iŋ	010
廮	yǐng	잉	iŋ	036
硬	yìng	잉	iŋ	059
用	yòng	용	ǐuŋ	035

憂	yōu	우	iu	051
遊	yóu	우	iu	017
油	yóu	우	iu	052
犹	yóu	우	iu	071
莠	yǒu	우	iu	117
右	yòu	우	iu	012
魚	yú	위	ǐui > iy > y	027
漁	yú	위	ǐui > iy > y	028
楡	yú	유	ǐu	118
語	yǔ	위	ǐui > iy > y	001
雨	yǔ	위	ǐui > iy > y	002
羽	yǔ	유	ǐu	032
御	yù	위	ǐui > iy > y	009
諭	yù	위	ǐui > iy > y	011
獄	yù	위	ǐui > iy > y	015
尉	yú	위	ui > y	017
禦	yù	위	ǐui > iy > y	018
吁	yù	위	ǐui > iy > y	046
玉	yù	위	ǐui > iy > y	053
芋	yù	위	ǐui > iy > y	093
鴛	yuān	원	ǐuɤn > yvn	06
冤	yuān	원	ǐuɤn > yvn	74
元	yuán	원	ǐuɤn > yvn	04
員	yuán	원	ǐuɤn > yvn	13
原	yuán	원	ǐuɤn > yvn	19
圓	yuán	원	ǐuɤn > yvn	32
轅	yuán	원	ǐuɤn > yvn	04
緣	yuán	연	ǐɤn	105
遠	yuǎn	원	ǐuɤn > yvn	08
怨	yuàn	원	ǐuɤn > yvn	46
愿	yuàn	원	ǐuɤn > yvn	20

Z

蚱	zhà	자	tʂa	113
摘	zhāi	재	tʂai	029
詹	zhǎn	쟌	tʂĭan	014
嶄	zhǎn	잔	tʂan	046
鸀	zhǎn	쟌	tʂĭan	055
展	zhǎn	뎐	tĭɤn	106
站	zhàn	잔	tʂan	029
綻	zhàn	잔	tʂan	116
章	zhāng	쟝	tʂĭaŋ	018
獐	zhāng	쟝	tʂĭaŋ	058
蜋	zhāng	쟝	tʂĭaŋ	113
長	zhǎng	쟝	tʂĭaŋ	017
掌	zhǎng	쟝	tʂĭaŋ	032
漲	zhàng	쟝	tʂĭaŋ	002
帳	zhàng	쟝	tʂĭaŋ	028
障	zhàng	챵	tʂ'ĭaŋ	039
丈	zhàng	쟝	tʂĭaŋ	066
招	zhāo	찬	tʂ'ao	074
罩	zhào	쟌	tʂao	002
詔	zhào	쟢	tʂĭao	011
照	zhào	쟢	tʂĭao	016
者	zhě	져	tʂĭɤ	048
這	zhè	져	tʂĭɤ	004
浙	zhè	저	tʂɤ	119
着	zhe	져	tʂĭɤ	048
榛	zhēn	즌	tʂən	063
斟	zhēn	진	tʂin	068
針	zhēn	진	tʂin	072
眞	zhēn	진	tʂin	081
珍	zhēn	진	tʂin	081
枕	zhěn	진	tʂin	098

睜	zhēng	징	tʂiŋ	047
蒸	zhēng	증	tʂəŋ	057
爭	zhēng	쟁	tʂaiŋ	074
筝	zhēng	징	tʂiŋ	104
整	zhěng	징	tʂiŋ	005
整	zhěng	정	tʂivŋ	018
正	zhēng	징	tʂiŋ	008
贈	zhèng	증	tʂəŋ	011
政	zhèng	징	tʂiŋ	014
挣	zhèng	징	tʂiŋ	083
知	zhī	지	tʂʅ	013
脂	zhī	즈	tsɿ	040
枝	zhī	즈	tsɿ	063
織	zhī	지	tʂʅ	083
芝	zhī	즈	tsɿ	092
蜘	zhī	지	tʂʅ	112
職	zhí	지	tʂʅ	012
執	zhí	시	ʂʅ	035
姪	zhí	지	tʂʅ	066
直	zhí	지	tʂʅ	088
旨	zhǐ	즈	tsɿ	011
紙	zhǐ	즈	tsɿ	020
指	zhǐ	즈	tsɿ	042
治	zhì	지	tʂʅ	013
秩	zhì	지	tʂʅ	017
痣	zhì	지	tʂʅ	043
痔	zhì	지	tʂʅ	070
終	zhōng	중	tʂuŋ	004
中	zhōng	중	tʂuŋ	012
鐘	zhōng	중	tʂuŋ	031
鍾	zhōng	중	tʂuŋ	096

重	zhòng	즁	tʂuŋ ······································· 037
種	zhòng	즁	tʂuŋ ······································· 039
州	zhōu	줕	tʂiu ······································· 009
粥	zhōu	주	tʂu ·· 058
舟	zhōu	줕	tʂiu ······································· 102
箒	zhŏu	쥬	tʂĭu ······································· 001
箒	zhŏu	줕	tʂiu ······································· 097
綢	zhòu	주	tʂəu ······································· 087
猪	zhū	쥬	tʂĭu ······································· 025
珠	zhū	쥬	tʂĭu ······································· 052
硃	zhū	쥬	tʂĭu ······································· 082
蛛	zhū	쥬	tʂĭu ······································· 112
竹	zhú	주	tʂu ·· 076
主	zhŭ	쥬	tʂĭu ······································· 013
住	zhù	쥬	tʂĭu ······································· 003
祝	zhù	주	tʂu ·· 020
柱	zhù	쥬	tʂĭu ······································· 024
蛀	zhù	쥬	tʂĭu ······································· 113
撰	zhuàn	좐	tʂuan ······································ 015
轉	zhuàn	좐	tʂĭuĭan ···································· 044
裝	zhāung	쟝	tʂuaŋ ······································ 026
莊	zhāung	쟝	tʂuaŋ ······································ 035
粧	zhāung	쟝	tʂuaŋ ······································ 057
庄	zhuāng	쟝	tʂuaŋ ······································ 090
撞	zhuàng	당	taŋ ·· 032
壯	zhuàng	쟝	tʂuaŋ ······································ 058
追	zhuī	쥐	tʂui ······································· 075
錐	zhuī	쥐	tʂui ······································· 099
墜	zhuì	취	tʂʻui ······································ 053
準	zhŭn	쥰	tʂĭun ······································ 040
拙	zhuō	쥅	tʂʻĭuĭɤ ···································· 047

卓	zhuō	조	tʂo	067
咨	zī	즈	tsɿ	011
子	zǐ	즈	tsɿ	006
紫	zǐ	즈	tsɿ	009
字	zì	즈	tsɿ	007
自	zì	즈	tsɿ	060
宗	zōng	중	tsuŋ	010
總	zǒng	중	tsuŋ	010
走	zǒu	쥬	tsəu	105
奏	zòu	쥬	tsəu	011
足	zú	주	tsu	081
族	zú	주	tsu	114
租	zǔ	주	tsu	091
鑽	zuān	찬	tsʹan	082
嘴	zuǐ	쥐	tsui	035
罪	zuì	쥐	tsui	075
尊	zūn	준	tsun	032
昨	zuó	조	tso	003
左	zuǒ	조	tso	012
佐	zuǒ	조	tso	017
坐	zuò	조	tso	009
座	zuò	조	tso	009
做	zuò	주	tsu	019
柞	zuò	조	tso	117

『화어류초』원문

甘산 蕭수 ○ —｜　　泗ㅇ川촨 ○ —｜

雲윤 南난 ○ —｜　　貴레州줘 ○ —｜

東둥 三싼 省승

盛셩 京징 ○ —｜　　吉진 林린 ○ —｜｜

黑희 龍룽 江쟝 ○ —｜｜

120

樺화皮피　木무○붓나모　木무

木무癭잉○ㄴ무모혹　木무心신○나모띠라양

直지隷리○ㅣㅣ　十씨八바省승　山싼東등○ㅣㅣ

山싼西시○ㅣㅣ　河허南난○ㅣㅣ

湖후南난○ㅣㅣ　湖후北븨○ㅣㅣ

安안徽휘○ㅣㅣ　浙져江쟝○ㅣㅣ

江쟝蘇수○ㅣㅣ　江쟝西시○ㅣㅣ

廣광東등○ㅣㅣ　廣광西시○ㅣㅣ

陝싼西시○ㅣ　福복建건○ㅣㅣ

木무節져字즈○나모스공이

119

松숑樹슈○숄나모　　松숑塔타子즈○솔빵올

柏배松숑○측빅　　檜괴松숑○젓나모

楡유理리木무○오리나모　　椴단木무○파나모

桑쌍樹슈○뽕나모　　槐홰樹슈○회화나모

梧우桐동○머귀나모　　楊양樹슈○깃버들

白배楊양樹슈○｜｜｜｜　　刺츠楡유树슈○스믜나모

柳루絮슈○버들기야지　　栢배塔타子즈○잣송이

桂귀樹슈○｜｜　　蘇수木무○다목

荊징條탸○쓸리　　白배楡유樹슈○느릅나모

花화梨리木무○｜｜｜　　柳루樹슈○버들나모

118

花화開개○옛여다　　　　花화謝샤○옛으우대

莎쌰草촫○잠뒤　　　　蓼우草촫○기음

鍖초草촫○속세　　　　青청苔태○잇기

蒲푸草촫○부들　　　　青청蒿햠草촫○비영

艾애草촫○뿍　　　　水쉬蒿햠○물뿍

冬동青청子즈○겨으스리　　　紅홍姑구娘냥○쇠옹리

蒲푸梆방○부들주지　　　石시竹쥭花화○

樹슈木무

茶차條됴樹슈○신나모　　　撥보櫪로樹슈○덥갈나모

柞조木무○가랑나모　　　果궈松숭樹슈○잣나모

花草　　　　樹木

花화草초類

牧모丹단○ㅣㅣ
海해棠탕○모
蓮련花화○ㅣㅣ
菊귀花화○ㅣㅣ
嚴러子즈花화○ 진달니
四쓰季지花화○ㅣㅣ
三싼稜링草참○ 셰알
茅만草참○ 띄
花화꺄ᄯ도○ 잇송이

芍샨藥얃○ㅣㅣ
薔챵薇위○ㅣㅣ
蓮련房방○ 변송이
梅메花화○ㅣㅣ
鳳븡仙씬花화○ㅣㅣ
石씨榴루花화○ㅣㅣ
葦위子즈草참○
蒿한䕡참○ 다북뿍
花화縫봉○ 꽃보아리마다

116

蛤거蠣라○조기

海히紅홍○홍합

麵면條묘魚○박어

蘇소魚○반당이

秋쵸生魚○은구어

螃방蟹해○게

王왕八바○쟈라

沙사骨골落로○모리무지

靑쳥魚○──

魚子초○새

石내次○가지

蛙와○가지

河히豚돈魚○복

民민魚○비웃

鱸로魚○롱어

黃황鱔○비얌쟝어

烏우龜쥐○거복

鰕샤米미○셔오샨것

海히蔘쏜○──

魚白배○일의

魚鰾○불에

115

蜢 링 ○ 누나리벌　　螯 쳐 了 랖 ○ 쏘다

竈馬 마子 즈 ○ 귓도라미　　糞 분 蜋 랑 ○ 말똥구으리

蛟 쟌 龍 룡 ○ ㅣㅣ　　長 챵 蟲 츙 ○ 비얌

八바脚 쟌子 즈 ○ ㅅ면발이　　蛇 셔 蛻 튀 皮 피 ○ 蛇退

水쉬族 쥬

鯉 리 魚 위 ○ ㅣㅣ　　鯽 지 魚 위 ○ 부어

鰱 련 魚 위 ○ 년어　　黑 희 魚 위 ○ 가믈치

八바梢 쇼 魚 위 ○ 문어　　魴 방 魚 위 ○ ㅣㅣ

鯊 싸 魚 위 ○ 상어　　鰒 부 魚 위 ○ 싱포

比비目 목 魚 위 ○ ㅣㅣㅣ　　老 랃 魚 위 ○ 꼬리

華語類抄

114

臭蟲 취충 ○빈딕	壁魚 비유 ○빈딕좀
虫蛀了 충츙랸 ○좀집다	蠐螬 치짜 ○굼벙이
蒼蠅 창잉 ○파리	蚊子 문ᄌᆞ ○모긔
蝦蟆 쟝랑 ○박회	蜂子 봉ᄌᆞ ○벌
濕蟲 습충 ○쥐며나리	螞蚱 마자 ○멧도기
螞蟻 마이 ○기야미	馬蝗 마황 ○그머리
黑蝛 흑마 ○둣터비	癩蝦蟆 하마 ○옴둣터비
白蛄蛂 배취 ○쉬	蝮蛇 부취 ○독ᄉᆞ
蠍子 서ᄌᆞ ○젼갈	馬蛇子 마셔ᄌᆞ ○도마비얌
撲燈蛾 밭등어 ○부납이	馬蜂 마봉 ○말벌

113

蚤異草찹 ○ 작 도먹이다

昆쿤蟲충

蝴후蝶텨 ○ ㅣㅣ

秋츄蟬쳔 ○ 마얌이

明밍火호蟲충 ○ 반되

蜘지蛛쥬 ○ 거믜

蜈우蚣궁 ○ 진에

蛐취蟮션 ○ 지룡이

土투狗구 ○ 도로리

跳탸蚤잗 ○ 벼록

蜻칭蜓팅子즈 ○ 잔자리

班반猫맏 ○ 갈외

草찹螺루子즈 ○ 달팡이

蛆쥬蟲충 ○ 구더기

蜈우螺쌰 ○ 노리기

饞찬蟲충 ○ 거위 蛔휘虫충

虱서子즈 ○ 니

狗구蚤잗 ○ 기벼록

112

鼠쉬鼴안○쥐쎨대
獅쓰子즈○ㅣㅣ

象쌍○코기리
山산獺타○너우리

人인熊웅○곰
駱로駝토○약대

貂댠鼠쉬○돈피
狼랑○일히

鹿루○ㅅ삼
麂표子즈○고라니

獐쟝子즈○노로
狐후狸리○여오

野여猫묘○삵
兔투子즈○톳기

胡후猻손○잔나비
黃황鼠쉬○됵져비

山산鼠쉬○다라미
灰회鼠쉬皮피○쥐피

看칸 … 즘싱ㅈ리드리다
放방草찬○풀의놋타

畵語類抄

捲젼毛 맛 ○ 굽스르굽슬흔털

馬 맛走 주 ○ 몰노하가다

犃망牛 누 ○ 흔소

犢두兒 얼 ○ 소삿기

牛누吼 후 ○ 소우다

牛누走 주 ○ 소흐루다

驢릐子 ᄌ ○ 나귀

羊양羔 ᄀ ○ 양의삿기

女뉴猫 맛 ○ 암괴

耗화子 ᄌ ○ 쥐

攔란馬 마 ○ 노힌몰막자ᄅ,다

溜릐繮 강 ○ 곳비글너지다

乳유牛 누 ○ 암소

花화牛 누 ○ 어룽소

倒ᄃ嚼 쟘 ○ 소 여물도로다

飲인牛 누 ○ 소를먹이다

叫쟌驢 릐 ○ 수나귀

郞랑猫 맛 ○ 수괴

猫맛走 주 ○ 피흘우다

鼢혼鼠 쉬 ○ 두더지

110

牙야 猪쥬 ○ 수돗　　母무 猪쥬 ○ 암돗

猪쥬 走쥬 襲시 ○ 돗흐루다　　猪쥬 豬튠 ○ 돗희삿기

戲시 狗구 ○ 샨양기　　公궁 狗구 ○ 수기

母무 狗구 ○ 암기　　風봉 狗구 ○ 미친기

狗구 吠쟌 ○ 지짓다　　狗구 連련 ○ 기흐루다

羝디 羊양 ○ 수양　　母무 羊양 ○ 암양

緜면 羊양 ○ 白羊　　山산 羊양 ○ 염소

懷해 駒구 子즈 ○ 삿기비다　　馬마 吠쟌 ○ 물우다

馬마 鬪투 ○ 물싸오다　　大대 中漢한 步부 ○ 말거름흐다

畧 跼 ○ 잘우이다　　風봉 毛모 ○ 소음털

109

青閣驄竒馬마 ○잠불물
自閉臉犁馬 ○

兒얼馬마 ○수물
騍뢰馬마 ○암물

馬마駒쥐子즈 ○미야지
癩래馬마 ○비라오눈물

瘸쳐馬마 ○져눈물
前쳔失시馬마 ○기루마업눈물 ○앏거치눈물

光광當당馬마 ○덜넝이눈물
驏찬馬마 ○기루마업눈물

耐내遠원 ○말뎔니가다
抛퇴糞분 ○물똥누다

打다滾군 ○누어구다
馬마表뵤 ○물흘우다

驛참驢뤼子즈 ○암나귀
驢뤼駒쥐子즈 ○나귀삿기

懶라驢뤼 ○뜬나귀
騾로子즈 ○노새

騾로騾로 ○수노
騾려騾로 ○암노새

108

放鷹 방응 ○

喜鵲 시쟉 ○ 가치　　老鴉 로아 ○ 가마리 야

黃鸝 황리 ○ 괴꼬리　黃鸝鳥　　野鷄 야계 지 ○ 셩

麻雀 마쟉 ○ 참새　　鷰子 연子 즈 ○ 져비

鶬鷹 챵영 ○ 숑고리　　鶴鶉 안춘 ○ 밋쵸리기

跳榮 채영 ○ 비금 흐루다　　夜猫 여묘 ○ 옷밤이

走 쥬 獸 슈　　巢窩 챠워子즈 ○ 비금의 집

麒麟 치린 ○ 긔　　老虎 로후 ○ 범

四明馬 쓰밍마 ○ 쇼쥭빅　　騾馬 쟌루마 ○ 쥬류마

花馬 화마 ○ 어룽말　　灰馬 회마 ○ 휴마말

從禽

仙썬鶴홛○학　鴛원鴦향○ㅡㅣ

鸚잉哥거○鸚鵡　公궁鷄지○수둙

毋무鷄지○암둙　鷄지蹓채○둙흐루다

鷄지抱받窩위兒얼○둙의둥下쌰　우리　鴄단○알닷다

鬚슈鷄지○먹부리둙　展턴翅츠○놀이펴다

鷄지嚘쟈鴄단○알겻다　鵝어○커유

搧쌴翅츠○놀이붓다　鴿거子즈○비돌기

鴨야子즈○오리　黃황鷹잉○갈지게

簷연鼠쉬○박쥐　架쟈鷹잉○미밧다

鷹잉打다潮챠○미동누다　鷂야子즈○시미

106

戱시本븐○희조　칙

點뎐戱시○희조뎜쳐식히다

走추軟연索소○줄타다

撤펴石시○풀미

緣연竿간○숫티타다　土상竿간

行싱頭투○적이

抹머骨구牌패○骨牌ㅎ다

把바戱시○노롯ㅎ다

弄롱棒방○나모놀니다

鞭쵸韆쳔○ㅣㅣ

打다雙쌍六륙○상뉵치다

打다象쌍碁치○장긔두다

別배挈방○혼슈말라

下싸碁치○바둑두다

說셔書슈○古書말ㅎ다

飛비禽친

鳳봉鳳황○ㅣㅣ

孔공雀쟉○ㅣ니

105

車쳐轅원 ○ 술윗ㄴ,릿 車쳐鑣뱡子즈 ○ 가림더

車쳐轅규轆루 ○ ᄎ박휘 推튀車쳐 ○ 미ᄂᆞ수레

翻반車쳐 ○ 수레뒷치다 輞붕絛탸 ○ 박휘살

套탄車쳐 ○ 수레머우다 車쳐蓬펑子즈○수레우의뎐

車쳐圍위子즈○수레揮帳 쟝슈민것

技지戲시

搽쇄技쟌○실흠ᄒᆞ다 雜ᄌᆞ戲시○노롯

打다毬쿀○쟝방올치다 踢티毬쿀○쟝방올져기차다

放방風븡箏징○연날니다 賭두錢쳔○돈나기ᄒᆞ다

唱챵차ᄎ다戲시○唱戲ᄒᆞ다 耍솨頑꽌兒ᅀᅵ兒얼○잡노리

104

撑챵舡촨 ○ 빈졋다　　緊좡舡촨 우

遭좌風풍 ○ 바룸만나다,

櫓루 ○ 뷔잇틔졋나모　　擺배渡두 ○ 뷔건너는목

艄샤蓬펑 ○ 빈돗다다　　划화子즈 ○ 빈졋는가리

水쉬手쉬 ○ ㅅ공　　卸셔蓬펑 ○ 빈돗지으다
도工궁

開개舡촨 ○ 빈빼이다　　裝좡舡촨 ○ 빈의싯다

抛퍄猫만 ○ 닷쥬다　　停팅泊바 ○ 빈셕세다

朧룡岸안 ○ 빈뭇틔되히다　　拔바猫만 ○ 닷것다

筆츄輌량 ○ 　　卸셔舡촨 ○ 빈짐부리다

夫부車쳐 ○ 　　小쌰車쳐 ○

鞍안塔타○ 안갑　　　鐙등㧣조○

緹티胃슝○ 듀락

扲다馬마鏘쟝○ 더갈박다

扯츠手싁○ 挫좌薩진 첫쥭

鞭변竿관○ 첫쥭

舟쥐舡챤○

海해舡챤○ 큰비

夾쟈板반舡챤○

槽챠子즈○ 마상이

猫묘繩승○ 우단줄

搭다腦낟○ 규레곡뒤거리

駄됴鞍안○ 짐기라마

鞭변稍샨○ 쳐싯

鞭변子즈○ 쳐

鞭변子즈○

火호輪룬舡챤○

筏발子즈○ 뻬

鐵뎌猫맘○ 단

粧타○ㅔ

102

剟완刀딴 ○ 우비눈칼

活호鑽찬 ○ 활비비　　透투鑽찬 ○ 쎼뿗다

鍍두金진 ○ 도금ᄒᆞ다　　拉라風풍腑샹 ○ 플플무

鍊련鐵텰 ○ 쇠닉이다　　炸쟈白ᄇᆡ ○ 쇠달호다

鑽찬弓궁 ○ ᄲᅦᆸ비활　　磨모光광 ○ ᆷ싀니

鞍마轡비

鞍안子ᄌᆞ ○ 　　鞍안橋ᄌᆞ子 ○ 기ᄅᆞ맛가지

軟연替티子ᄌᆞ ○ 　　鞴쳔 ○ ᄯᅡᆯ애

肚두帶ᄃᆡ ○ 빗대　　鞴롱頭투 ○ 굴네

噌쯔子ᄌᆞ ○ 마함　　繮쌍繩싱 ○ 바곳비

紡발車쳐子즈○믈레　　椅의子즈○교의

板반凳등○ㅣㅣ　　竹쥭簾렴子즈○발

梳소子즈○얼에빗　　篦비子즈○참빗

糞분斗두○삼티　　鍋궈撐챵子즈○아리쇠

酒쥬漏루子즈○병의다히고　　春츈檊등○큰탁즈

柴채把바子즈○갈키　　鍋궈刷쇄子즈○가맛솔

圍위屛평○屛風　　夜여壺호○요강

開개披피○힝담　　抽취替타○셜합

火호鑺관○쇠녹이는도관　　本믄銼초○나모솥

羅로經징○티룬도　　彈탄線션○먹줄치다

100

燈등草차 ○ 심지
松숑香향 ○ 숑진 一
鋼강刀도 ○ 조흔칼
剃티刀도 ○ 마리싹는칼
力도把바 ○ 칼ㅈㄹ
推튀鉋밥 ○ 딕픠
鉅쥬子즈 ○ 톱
鐵텰鎚취 ○ 쇠마치
火호鍊련 ○ 부쇠
火호絨융 ○ 부쇳기

添텸油유 ○ 기름테다
蔡채刀도 ○ 식칼
薄박刃도 ○ 여른식갈
刀도鞘챠 ○ 칼집
鑭자刀도 ○ 작도
斧부子즈 ○ 독긔
錐쥐子즈 ○ 송곳
鐵텰鉋밥 ○ 글긔
火호石셔 ○ 부쇳돌
帽모架쟈 ○ 갓기리

99

鐵텰籬련子즈○ 설쇠　　棒방槌취○ 방마치

呀야石지○ 방츗돌　　被베褥유○ 니불

枕잔頭투○ 벼리　　靠관墩둔○ 안식

毯탄子즈○ 담　　席시子즈○ 돗

雨위傘솬○ ||　　天텬平평○ || 져울

法밥馬마○ 天平鍾　　秤핑子즈○ 큰져울

等등子즈○ 져근져울　　秤핑錘취○ 져울추

毫할星싱○ 져울눈　　等등盤판星싱○ 져을다림보

碓뒤子즈○ 방아　　爥라臺태○ 촛딕

燈등臺태○ ||　　剔티燈등○ 불쏭티다

98

器具

水쉬桶룽○물통　柳루籬판○버들로겨른드레

轆루轤루○즈애　瓢표子즈○쪽박

酒쥬鏇션子즈○술디야　簸비箕치○가

刷쇄子즈○사자　茗탕籌쥭○닛뷔

蠅잉拂붖子즈○파리채　箱샹籠룽○상즈

筐광子즈○광조리　破퍼落로○고리

匣샤子즈○필갑　鏡깅臺태○ㅣ

口쿠俗대○자로　包반袱부○보

碾년子즈○매　熨유斗두○다리오리

蒸증替티○시루　手슈爐루○ㅣㅣ

97

大ᄃ海ᄒᆡ○되ᄃᆡ완　　三얼海ᄒᆡ○되완

大ᄃ碗완○더졉　　　　中츙碗완○즁더졉

磁ᄎᆞ楪뎨子ᄌᆞ○사졉시　　茶차碗완○ᅵᅵ

酒ᄌᆔ壺후○술병 酒ᄌᆔ甁평　　酒ᄌᆔ鍾즁○술잔

羹ᄀᆡᆼ匙ᄉᆞ○사시　　　銅퉁匙ᄉᆞ○놋술

快쾌子ᄌᆞ○져　　　　鍾즁子ᄌᆞ○ᅵᅵ

湯탕鍋궈○탕구ᄌᆞ　　盤반子ᄌᆞ○소반

茶차托토○찻반　　　卓조子ᄌᆞ○ᅵᅵ

八바仙션卓조○팔션교ᄌᆞ　　火ᄒᆑ金금○화로

杓마杓쟉○나무주게　　銅퉁杓쟉○놋주게

96

拳尅頭寽菜채 ○ 고ᄉ리　山싼芹진菜채 ○ 첫ᄂᄋᆞᆯ

青칭角과菜채 ○ 청각　香薷薑신菜채 ○ 표고　(君蓬蓬다菜채 근더)

搖옆頭투菜채 ○ 둘읍　蔞루蒿호菜채 ○ 물쑥

蒸숭磨모果귀 ○ (松자)　挑됴菜채 ○ 묏ᄂᆞ물키다

蔥총荟筆비頭투 ○ 파죵지

摘재菜채 ○ ᄂᆞ물다담다　齊치菜채

器긔具쥬

大다鍋귀兒얼 ○ 가마　茶차鑵관 ○ ㅡㅣ

銅퉁碗완 ○ 놋그릇　銅퉁盆픈 ○ 놋소라

洗셔臉련盆픈 ○ 셰수소라　磁츠器긔 ○ 通稱砂器

長ᄒ...

薄荷 박하 ○이　　　冬瓜 동과 ○동화

黃䕓 황과 ○외　　　瓜瓤 파양 ○욋속

倭瓜 위과 ○호박　　瓠瓜 련과 ○참외

西瓜 시과 ○수박　　葫蘆 호로 ○박

茄子 쳐즈 ○가지　　酸蔣 쏸장 ○승아

黃花菜 황화채 ○넘나믈　木耳 무얼 ○남긔버섯

菩薑 지강 ○도랏　　沙蔘 사쏨 ○더덕

山藥 산약 ○마　　　蓮根 련근 ○

竹筍 주순 ○　　　　黑木耳 희무얼 ○참나무버섯

馬蹄 마뎨 ○곰다리　蒼朮 창츄菜 ○삽듀

94

菜채蔬수

菉류豆두芽아菜채○녹두기름

白배菜채○비치 蘿로葍부菜채○무우

芥졔菜채○갓 芹쳔菜채○미나리

韭쥬菜채○부치 同동蒿호○쑥갓

小쇼根근菜채○달리 䪥라葱총○파

蒜쌘頭두○마늘 芋위頭두○토란

蔓만菁청○쉿무우 蒿오苣규菜채○싱치

紫ㅈ蘇수○太조기 葫호蘆루絲스○박고지

莧잔菜채○비름 薺지菜채○낭이

93

小䆀黃황米미 ○ 츠조쌀　　穀규子ㅈ ○ 것죠

稗배子ㅈ ○ 피쌀　　高간粱량 ○ 슈슈

黃황豆두 ○ 누른콩　　小䆀豆두 ○ 팟

菉류豆두 ○ ㅣ　　莞완豆두 ○ 광작이

芝즈麻마 ○ 참씨　　蘇수子ㅈ ○ 들씨

麩부子ㅈ ○ 밀기울　　穀구草찬 ○ 좃집

稻답草찬 ○ 닛딥　　豆두楷졔 ○ 콩각디

蜀수楷졔 ○ 슈슈딕　　麻마楷졔 ○ 참씨딕

玉위米미 ○ 강낭이 / (●)밧米미　　結지實시 ○ ㅣ

驪쌔穀구子ㅈ ○ 곡식벗쏘이다　　粘빈的디 ○ 通閒츌것

92

種쥬田뎐○밧시무다　撒싸穀구○삐셔다

出츄苗묘○엄나다　發밤芽양　發밤穗쉬○이삭피다

鎌찬地디○기음미다　割거穀구子즈○곡식뷔다　割거了랸

收싴成셩○곡식거두다　庄쟝戶후○農人

打다塲챵○마당질　田치粗주子즈○병작ᄒᆞ다

禾호穀구

稻도子즈○벼　粳징子즈○됴후ᄡᆞᆯ

大다麥매○보리　小쇼麥매○밀

蕎쵸麥매○모밀　糜마子즈○기장

大다黃황米미○기장ᄡᆞᆯ　小쇼米미○조ᄡᆞᆯ

91

田뎐 農농

壯田뎐○조혼밧

薄밧田뎐○사오나온밧

水쉬田뎐○논

旱한田뎐○밧

庄장地디○농소

開개荒황地디○다시닐온따

一이天텬地디○하로가리

一이晌샹地디○혼나잘가리

犂리兒얼○보

鏵화子즈○보십놀

犂리鏵장○보ㅅ부츨나모

鋤서頭투○호믜

鏵찬子즈○미셔셔기음틴는호

木무把바子즈○나모소시랑

鐵텨把바子즈○쇠소시랑

鐵텨鍬쵸○삽

鎌련刀또○낫

耕깅田뎐○밧가다

90

大다領링○ㄱ　護후領링○동직

護후쥬○깃바더　袖식子즈○소미

袖식口루○소밋부리　袖식根근○소미밋동

吊댠裏리○옷안올리다　吊댠面면○옷것을리다

斜서緞돤條댜○공단션　緞돤邊변子즈○식셔

活호縫봉○호아짓다　死쓰縫봉○박아짓나

鑲양邊변○단두르다　椆슈緜면花화○소옴두다

行항的디○드믄누비　胹나的디○잔누비

袴무襠당○듕읫밋　因인線션○바늘쎄다

綉슈針진○수쓰는바늘

裁縫

壓시縣면花화 ○去核綿　線션花화○발면화

繐쉬子즈○ᄉᆡ리　絨융線션○융사

交잦撐닝○바트다　粗추疎수○승서굵다

織지密미○승서가ᄂᆞ다　打다染얀○물드리다　彈탄染얀

洋양靚딩○通稱양물　直지地디○싱ᄉᆞ로ᄶᆞᆫ紗

寔시地디○슉ᄉᆞ로ᄶᆞᆫ紗

裁채縫봉

裁채衣이○紫샹　裁옷마르다　裁채料량　上쌍身신○웃옷동

下햐身신○옷아리동　前쳔襟진○압자락

底디襟진○안자락　後후襟진○뒷자락

88

生승金진光광紬쳑　花화紬방紬쳑 ○ ㅣㅣㅣ

賈귀州쥬紬쳑 ○ ㅣㅣ　絹젼綢쳑 ○ 견치우

大다綾릉 ○ ㅣㅣ　中즁綾릉 ○ ㅣㅣ

小쇼綾릉 ○ ㅣㅣ　白배絲쓰絹젼 ○ 흰깁

甲갸紗사 ○ ㅣㅣ　淡담京징紬사 ○ ㅣㅣ

吉지䌷쌍紗사 ○ ㅣㅣ　八바吉지紗사 ○ ㅣㅣㅣ

勻쥰條댜紗사 ○ 銀...　䌷주紗사 ○ 주사

綱위緞단 ○ 깃비단　大다布부 ○ ㅣㅣㅣ

夏쌰布부 ○ 뵈　漂표白배布부 ○ 누은뵈

零링布부 ○ 차토리　縣면子즈 ○ 풀소음

87

蟒망緞단 ○ ｜｜　　閃싼緞단 ○ ｜｜

貢궁緞단 ○ ｜｜　　庫구緞단 ○ ｜｜

累루緞단 ○ ｜｜　　金진線션緞단 ○ ｜｜

百배鳥냐 ... 緞 ○ ｜｜

喬원橋앙緞단 ○ ｜｜　　如유意이緞단 ○ ｜｜

通둥海해緞단 ○ ｜｜　　亮량花화緞단 ○ ｜｜

蘇수州직緞단 ○ ｜｜　　羅로緞단 ○ ｜｜

宮궁綃쵸 ○ ｜｜　　毛뫄綃쵸 ○ ｜｜

十씨兩량綃쵸 ○ ｜｜　　八바兩량綃쵸 ○ ｜｜

壯챵元원綃쵸 ○ ｜｜　　老롸紡방綃쵸 ○ ｜｜

86

蒲우蒲허 ○ 어른보라　　銀인灰휘 ○ ᅵᅵ

京징醬쟝 ○ 블근ᄌ지　　火호駝토 ○ ᅵᅵ

八바雲윤 ○ ᅵᅵ문　　七치寶반 ○ ᅵᅵ문

鱗린欐데 ○ ᅵᅵ문　　純춘鱗린 ○ ᅵᅵ문

梅매蘭란 ○ ᅵᅵ문　　碎쉬花화 ○ ᅵᅵ문

界졔地디雲윤 ○ 벽드르문　　珊시柵 란 스란문

寶반柵샹花화 ○ ᅵ문

骨구朶도雲윤 ○ 떼구름문

海해馬마 ○ ᅵᅵ문　　蹁얀花화 ○ 스민문

漢한緞돤 ○ ᅵᅵ　　糚쟝緞돤 ○ ᅵᅵ문

緞造

85

木槿紅 훙 ○ ㅣ 　　　　　眞 진 紅 훙 ○ ㅣ

硃 주 紅 훙 ○ ㅣ 　　　　　雪 쉬 白 배 ○ ㅣ

慈 충 白 배 ○ 우식 　　　　洋 양 綠 뤼 ○ ㅣ

鸎哥 잉哥거 綠 뤼 ○ 연쵸록비단 湖후綠뤼　草 찬 綠 뤼 ○

柳 류 綠 뤼 ○ ㅣ 　　　　　天 련 靑 칭 ○ ㅣ

柳 류 黃 황 ○ ㅣ 　　　　　鴉 야 靑 칭 ○ ㅣ

鵞 어 黃 황 ○ ㅣ 　　　　　杏 싱 黃 황 ○ ㅣ

淺 쳔 湖 후 ○ 여른옥식 　　靠 꽈 白 배 ○ 여른분홍

月 워 白 배 ○ 연남 　　　　洋 양 藍 란 ○ ㅣ

二 얼 藍 란 ○ ㅣ 　　　　　秋 쿠 葵 귀 ○ 짓튼보라

84

結져繭젼 ○ 못리짓다　　摘재繭젼 ○ 곳티싸다

扯츠絲쓰 ○ 실혀다　　　絡로絲쓰 ○ 실리다

下싸子즈 ○ 누에알쓰다

織지造좌

絲쓰料랴 ○ 실싸옴　　　理리絲쓰 ○ 실골히다

紀그緒다 ○ 실미듭　　　筬청篗광 ○ 붓딕집

挣징緱션 ○ 비단짜는잉아　梭소 ○ 북

捲젼布부棍군 ○ 물속　機긔身신 ○ 뵈틀

緞단子즈 ○ 通稱비단　　金진黃황 ○

粉분紅홍 ○ ｜｜　　　　桃탇紅홍 ○ ｜｜

廣桑

83

蜜믜蠟랍珠쥬 ○ 蜜花珠　　海해蚆바 ○ 자긔

玳대瑁무 ○ ── 　　犀서角쟈 ○ ──

寶보石시 ○ ── 　　金진剛강鑽찬 ○ 옥뚤는것

金진箔박 ○ ── 　　磁츠石시 ○ 指南石

象쌍牙야 ○ ── 　　琉류璃리 ○ ──

銀인硃주 ○ ── 　　錫시鑞라 ○ 유랍

黑희鉛연 ○ 함셕 　　紅홍銅통 ○ 구리

蠶찬蠶쌍　蠶찬子즈 ○ 누에삐 　　養양蠶찬 ○ 누에치다

頭두眠면 ○ 첫잠 　　上쌍樹슈 ○ 남게올니다

82

珍진寶보

金진子즈 ○ 금　　赤치䕞여 ○ 엽ㅈ금　細絲金

銀인子즈 ○ 은　　足주銀인 ○ 細絲銀

錠딩子즈 ○ 금은ㅅ덩이　白배玉위 ○ │ │

老랏山싼玉위 ○ │ │　　眞진珠쥬 ○ │ │

珊산瑚후 ○ │ │　　琉후璃퍼 ○ │ │

瑪마瑙노 ○ │ │　　金진琲버 ○ │ │

水쉬晶징 ○ │ │　　玻보璃리 ○ 보리

法밥琅랑 ○ 파란　硼붕砂사 ○ │ │

硫류黃향 ○ │ │　　紫ㅈ膠쟢 ○ ㅈ공

81

上쌍用용的디○나라의셔　平평常샹的디○좀것(쓸것)

討탉價쟈○갑달나다　喚환價쟈○갑물로다

添텬價쟈○갑더주다　小쇼賣매○젹게밧다

補부秤핑○져울츅치우다　賖셔帳쟝○외자ㅅ쟝

打다倒도○흥졍므르나　當당當당○젼당ᄒᆞ다

贖슈當당○젼당므르다　轉좐錢쳔○니니다

稀시罕한的디○귀ᄒᆞ다　拖토欠쳔○갑드리오다

將쟝就주○고만두어라　牙야錢쳔○間間八口錢

合허通퉁○文書쓰다　立리契지○글월셰우다

畫화押야○일홈두다

80

眼안鏡깅鋪푸○ᄃ... 皮피貨호鋪푸○ ᄃ피물포ᄂᄂ

帽맛子ᄌ鋪푸○ 갓파ᄂᄃ 鞋세鋪푸○신푸ᄂᄂ

花화兒회일鋪푸○ 못ᄑᄂᄃ 確뒤房방○ 米미여푸ᄂᄃ

藥약鋪푸○ 약지푸ᄂ되 荷허包바店텬○ 쥬머니푸ᄂ

裱뵤褙훙鋪푸○ 죠희면졉ᄒᄂᄃ 扮반指ᄌ店텬○ 반지푸ᄂᄃ

開개市ᄉ○ 흥졍시작ᄒᄃ 幌황子ᄌ○ 물건푸ᄂ집보람

開개帳장○ 갑졍ᄒ다 幌황子ᄌ○ 흔것

老랑杭항家쟈○ 흥졍밧처 搖얏貨호郞랑○ 고도ᄂ쟝ᄉ

講강價쟈○ 갑혀기다 偶챵價쟈○ 발닛다

講장價쟈○ 갑혀기다 照쟌行항市ᄉ○ 시가되로ᄒ

交쟌成청○ 흥졍못다 一이倒또○ᄒ번에 關량斷단○못다

當당鋪푸○뎐당鋪 錢쳔店뎐○銀과錢相換호 누딕

燒쇼鍋궈○燒酒고으눈딕 糧량店뎐○穀仕포눈딕

洋양貨호鋪푸○의뎐 紬쥬緞단鋪푸○비단포눈딕

佑구衣이鋪푸○佯貨포눈 會회銀인店뎐○銀딕여쓰

首슈飾시樓루○首飾포눈 書슈鋪푸○칙포눈딕

烟연俗대鋪푸○담빗뒤포 銅퉁鋪푸○쇠포눈딕

烟연鋪푸○담비포눈딕 南난紙즈鋪푸○紙宣

乾간菓귀鋪푸○과실포눈딕 茶차葉여鋪푸○茶포눈딕

油유塩연店뎐○기름파쟝 香쌍蠟라鋪푸○향과쵸포눈

爐루房방○銀불니오눈딕 弓궁箭쟌鋪푸○활과살포눈

78

脫도放방○ 놋타

買매賣매

買매主쥬○ 사눈님자　　賣매主쥬○ 포눈님자

鋪푸子즈○ 흥정호눈디　　雜자貨화鋪푸○ (雜貨푸즈)

集지上쌍○ 려나눈져제　　起긔集지○ 쟝보라가다

大다市스○ 큰져지　　街케上쌍○ 져젓거리

骰호計지○ 동무　　牙야子즈○ 거간

店뎐房방○ ― ―　　飯반店뎐○ 밥푸눈디

酒쥬舘관○ 술폰눈디　　油유房방○ 기름푸눈디

糖탕房방○ 엿푸눈디　　屠도鋪푸○ 고가노하푸눈디

77

來자 棍곤 ○쥬뢰 튼는나무　皮피 鞭편子즈 ○사룸티는 皮鞭

竹쥬 板반子즈 ○竹鞭　鞭편 打다背배 ○등치다

拷쾃 問운 ○져쪼다　盤판 問운 ○두로힐위못다

起치 贓장 ○잡힌장물　拷쾃 打다 ○쳐져쪼다

抄챠 家쟈 ○젹물흐다　惹여 事스 ○일닉다

取취 招쵸 ○다딤밧다　斷돤 罪쥐 ○罪결흐다

囚쳑 車쳐 ○ㅣㅣ　決쥐 案안 ○決못다

趕간 出츄 ○토太니치다　充츙 軍쥰 ○ㅣㅣ흐다

死쓰 囚쳑 ○죽을罪人　絞쟈 死쓰 ○목자르다

創쾌子즈 手슈 ○목버히는놈　枷쟈 號호 ○칼메위회시흐다

76

勸권 開개 ○ 말리다 　拒리例례 ○ 밋처다

暗안 算쌀 ○ 그만이히ᄒᆞ다 　閉쟝하히 ○ 화혼ᄒᆞ다

追쥐 賠피 ○ 물리다 　俗산他타 ○ 샤ᄒᆞ다

刑싱 獄위 ○ 　正징賊죄 ○ 도적

强챵 盜돕 ○ 　監잔坐롸 ○ 가도다

犯반 罪쥐 的디 ○ 罪犯ᄒᆞ이 監잔坐롸 ○ 가도다

動둥 刑싱 ○ 현벌ᄒᆞ다 　搬 領링來래 ○ 뫼잡아오다

綁방 他타 來래 ○ 결박ᄒᆞ어 오다 　鏁솨來래 ○ 사슬머이어오

扛캉 枷쟈 ○ 칼머이아다 　朱삭椿쵹 ○ 손에뉴박다

帶대 鏁솨 ○ 쪽쇄 　鏁잔指즈 ○ 것손가락에ᄭᅧ디ᄂᆞᆫ

75

爭쟁訟숑

喫치勝투 ○ 셜옴을 닙다　喫치打다 ○ 맛다

搶챵奪도 ○ 아이다　挨애罵마 ○ 辱먹다

寃원家쟈 ○ 원수　告갖官판 ○ 一一ㅎ다

避디를쳥子즈 ○ 소지드리다　喊한寃원 ○ 발팔ㅎ다

搶챵去취 ○ 아사가다　招챠供궁 ○ 다딤

打다官판司스 ○ 숑亽ㅎ다　原원告갖 ○ 一一

被비告갖 ○ 告ㅎ것닙다　正징犯반 ○ 一一

牽련累루 ○ 안 ᄇᆡ른사ᄅᆞᆷ 倈ᄂᆡ人인 ○ ᄆᆞ방ᄒᆞ다

天쟌平수 ○ 쳐호다　弄롱戲회 ○ 희짓다

74

碎 퍼쟈과 ○ 히믜딜졍히다　　啐매鎊파 ○ 젼ᄑᆝ디

揀 쟌日이子즈 ○ 날골히다

算쏸數수　數수數수兒얼 ○ 수혜다　打다筭쏸 ○ 산두다

算쏸盤판 ○ ㅣㅣ　　筭쏸帳쟝 ○ 혜음ᄒᆞ다

臂비量량 ○ 발ᄉᆞ　　量량量량 ○ 되다

趕간帳쟝算쏸 ○ 모조리혜다　一이粒리 ○ 혼낫

一이撮초 ○ 혼조봄　一이抄찬 ○ 혼줌

一이札자 ○ 혼쏨　十시厰단 ○ 연셤

一이總중多도少쌰 ○ ㅛ디되몃

湯탕藥약○약달히다　丸환藥약○一

服복藥약○약먹다

膏고藥약○고은약

一이貼텹○약호졉　一이服복○약훈복

把바脉매○믹보다　搽차藥약○약쓰는법

艾애灸구○뜸질호다　引인子즈○약쓰는법

拔바火화鑵관○뜸ㅅ단지　出츄汗한○뜸나다

香향臍치子즈○麝香　下햐針진○침츄다

卜부籤쳠○　甦수醒싱○되셰다

算쏸命밍○팔ㅈ혜오리다　好호些사兒얼○병나호다

算쏸卦과○졈티다

72

疾病

出奇痘두 ○ 역질호다

癩감疾지 ○ 밀알

寸춘白배독虫숑 ○ 一一　下싸蚯구蚓인 ○ 거위나다

中즁風풍 ○ 보람맛다

手슈顀뎡 ○ 졍셔ㅎ다　手심麻마 ○ 손이 져리다

疤바癲라 ○ 허믈

麻린疾지 ○ 님질　痀…氣긔 ○ 샹긔

不부得더命명 ○ 죽다　瘡챵疳감 ○ 陽物에 生瘡ㅎ…

醫의藥약 ○ 一一　醫藥

藥약材채 ○ 약지료ㅎ다　剉좌藥약 ○ 藥싸흐라

磨모藥약 ○ 약가다　挫좌藥약 ○ 약짓다

71

瘋룽了로 ○ 미쳣다 　　脚ᇙᆯ疼틍 ○ 빨알프다

腿릐疼틍 ○ 다리알프다 　　痢리疾졍 ○ ᅵ싷다

瘧뺟疾지 ○ 고곰 　　水쉬痘두 ○ ᄯ드리

見쟌苗뫄 ○ 역질삭뵈다 　　痔지瘡챵 ○ 치질 痔지漏루

癩래瘡챵 ○ 허러ᄠᅳ든눈병 　　瘡챵口ᄏᆌ ○ 챵부리

肉유跳탇 ○ 슐ᄠᅥᆯ리다 　　疥제瘡챵 ○ 옴

楊양梅메瘡챵 ○ 당옴 　　瘡챵疙ᄀᆖ ○ 터뎅이

濃눙水쉬 ○ 고롬 　　起치泡밭 ○ 부릇다

刺라刺라疼틍 ○ 쁠알히다 　　癜뎐疾지 ○ 어루러기

生ᄉᆞ癬션 ○ 버즘 　　起치痱부子즈 ○ ᄯᆢᆷ야기

70

留루 步보 ○ 드릐 숀 셔

疾지 病병

疾지病병 ○

害해病병 ○ 병알타　　不부耐ㄴ内繁반 ○ 병드다

頭두疼ᄒ ○ 마리알타　　害해眼안 ○ 눈알타

耳일聾룡 ○ 귀먹타　　眼안昏혼 ○ 눈어둡다

眼안花화 ○ 눈밤의다　　頭두眩현 ○ 마리아질ᄒ다

啞야嗓쌍子즈 ○ 목쉬다　　癩래頭두 ○ 고듸마리

痎피瀝만 ○ 가슴에빠한명　　身신不부舒슈坦탄 ○ 身不平

感감冒만 ○ 바람드다　　胷흉疼ᄒ ○ 가슴알프다

肚두疼ᄒ ○ 비알프다　　風흉灘탄了랴 ○ 바람마자손

69

做주 東둥 道또 ○主人노롯 化화 拳꽌 ○술먹을써 눈법 뵈기ㅎ

湯탕酒쥬 ○술더이다 　斟진酒쥬 ○술치다

遞디酒쥬 ○술드리다 　釂쥬酒쥬 ○술붓다

添텬菜채 ○안쥬더ㅎ다 　請쳥菜채 ○안쥬자오

完완三싼不부完완四쓰 ○ 酒不雙盃

喫치雙쌍不부喫치單단 ○ 酒不單盃

量량小쌰 ○쥬량젹다 　海해量량 ○바다가툰쥬량

主쥬不부喫치客커不부飲인 ○主人이먹지안이ㅎ면客

請쳥湯탕 ○(탕쳥ㅎ다) 　遞디飯반 ○밥드리나

辭亽酒쥬 ○하딕술 　送숑客커 ○손보뉘다

68

丈장人인○　　　丈장罰무○

舅쿠子즈○ 妻娚　　家쟈小쏘○ 自稱家屬

小쏘姨이子즈○ 妻弟　乾ᄭᅡᆫ媽마○ 슈양어미

私스孩해子즈○ ᄯᅩ남진의 난자식　堂탕客커○ 안ㅅ손님

家쟈口쿠○ 집소숄　　偏편房방○ 妾

拙취婦부○ 謙稱已妻

宴연亭싱

請칭客커○ 손청ᄒᆞᆫ다　會휘客커○ 손모ᄋᆞ다

陪피客커○ 뫼킥ᄒᆞᆫ다　請칭茶차○ 차청ᄒᆞᆫ다

遞디茶차○ 차드리다　擺배卓조兒얼○ 샹버리다

哥가 ○ 형　⑦兄爷弟뎌 ○ 아우

嫂삿子즈 ○ 형수　姊디妹몌 ○ 누의들

姐제姐쳬 ○ 못누의　姐쳬夫부 ○ 못누의남편

妹메子즈 ○ 아ᄋ누의　妹메夫부 ○ 아ᄋ누의남편

姪지兒얼 ○ 아촌아둘　姪지女뉘 ○ 아촌둘

媳시婦부 ○ 며느리　女뉘兒얼 ○ 둘

女뉘婿쉬 ○ 사위　叔슉伯버兄爷弟뎌 ○ ᄋ 四寸아

姑구舅구,弟디兄爷 ○ 內外從公궁公궁公궁 ○ 싀아비
　　　　　　　　　　兄弟

婆퍼婆퍼 ○ 싀어미　大中姑구 ○ 못싀누의

小쌰姑구 ○ 아ᄋ,싀누의　丈쟝夫부 ○ 남진

66

親屬 친

- 太다 大다 公궁 ○ 高祖父
- 大다 太다 婆퍼 ○ 高祖母
- 大다 公궁 ○ 曾祖父
- 大다 婆퍼 ○ 曾祖母
- 爺여 爺여 ○ 祖父
- 婆퍼 婆퍼 ○ 祖母
- 爹데 爹데 ○ 父親
- 孃냥 孃냥 ○ 母親
- 伯버 父부 ○ 同姓못아자비
- 伯버 孃냥 ○ 同姓못아자비쳐
- 叔수 叔수 ○ 同姓아ᄋ아자비
- 嬸신 孃냥 ○ 同姓아ᄋ아자비쳐
- 外왜 公궁 ○ 外祖父
- 外왜 婆퍼 ○ 外祖母
- 舅쥬 舅쥬 ○ 外叔
- 舅쥬 母부 ○ 外叔母
- 姨이 孃냥 ○ 姨母
- 姨이 夫부 ○ 姨母夫

65

山쌴裏리紅홍○아가외　菱링角좌○말음

西시瓜과子즈○슈박씨　藕우粉분○련근가로

片편薑쟝○　五우花화糖탕○

榛즌子즈糖탕○　糖탕葡푸萄탇○

青쳥梅메○　門믄冬둥○

苽과莧쟌○　佛부手쉬片편○

杏싱脯푸○　橘쿠餅빙○

山쌴查쟈糕고○　檳빈榔랑○

紅훙糖탕○　白배糖탕○

冰빙糖탕○

64

熬앗了라오○ 달호다　　淸청了라오○ 식다

樹슈果궈○／通稱파실　　龍룽眼얀○ㅣㅣ

荔리枝즈○ㅣ　　柿스餠빙○ 곳감

蜜미棗잔○ 굴죠大씬디초　　白배果궈○ 은힝

栗리子즈○ 밤　　核허桃탈○ 호도

榛즌子즈○ 가얌　　甛텸梨리○ 춤비

沙싸果궈○ㅣㅣ　　小쏘紅훙○ 준님금

李리子즈○ 외얏　　杏싱子즈○ 솔고

桃탈子즈○ 부쇼와　　葡푸萄탈多도羅로○ 이葡萄송

柑깐子즈○ㅣㅣ　　橘쥐子즈○ 귤

食飼

63

澀서○쩗다

嚼죠○씹다

齦큰○니흐다　含한着져○먹음다

吞튼下쌰○솜셰다　吐투○ㅣ흐다

愛애喫치○즐거먹다　難난喫치○못먹깃다

胡후喫치○간듸로먹다　嘴쥐饞찬○ 食不廉

囤후圖룬吞튼○원이로솜셰　貪탄嘴쥐○음식탐흥다

偏편過궈○몬져먹엇노라　牙야齪추○니싀여곱다

牙야陳춘○니의돌물니다　種즁火호○불못다

打다火호○불써다　劈피柴채○나모뻐리다

煤메炭탄○숫　烟연頭투子즈○낭과리

62

香샹油유 ○ 춤기름

蘇수油유 ○ 들기름

笮자油유 ○ 기름 咮다

油유 粎자 ○ 벤 목

清청醬쟝 ○ 간쟝

盤판醬쟝 ○ 된쟝

醬쟝 蘿로 蔔부 ○ 쟝에 둠은무

爽슈的디 ○ 기름 셕언ᄂᆞᆫ고기

肥비 卧와 的디 ○ 만기름고기

野여味위 ○ 들즘싱의고기

湯탕的디 慌황 ○ 다솔는물에 데

薰쓴 ○ 구소다

晧련 ○ 드ᄼᅵ

苦쿠 ○ 쓰다

酸쌘 ○ 쉬다

腥싱 ○ 비리다

葷훈 ○ 누리다

醎쒼 ○ 咮다

淡단 ○ 슴겁다

辢라 ○ 밉다

自즈來래紅홍○ㅣㅣㅣ 犬ㄷ·八바件쟌○ㅣㅣㅣ

氷빙蔾롼花화○ㅣㅣㅣ 蔾롼花화○ㅣㅣㅣ

饅만頭두○만두 燒쇼餅빙○구은ㄸ·

切체麵면○써ㅎ·국슈 麵면飥ㄷ·饎다○슈저비

粉분條탸○粉湯 掛과麵면○무른국슈

麨쵸麵면○미시 肉유包밥○고기쇼녀혼쇠

糖탕包밥○사탕쇼녀혼쇠 肉유餡쎤○고기쇼

菜채餡쎤○치쇼 匾변食시○변시

醃연菜채○침치 鮓자豆두腐부○두부쁏다

豆두粨자○비지 蜂봉蜜미○쑬

燒쇼肉유○　고기굽대

炒챠肉유○　고기복다

硬잉肉유○　질긴고기

軟연肉유○　연호고기

炒챠魚위片편○　물고기복다

刮과鱗린○　비눌긁다

打다糕고○　친떡

蒸증糕고○　증편

糖탕糕고○　단떡

鹿루茸용糕고○　——

龍룡鳳봉糕고○　——

芙부蓉용糕고○　——

雲운片편糕고○　——

糟챠子즈糕고○　둙의 알떡
鷄지鴨단糕고

綠루豆두糕고○　——

月워餅빙○　——

蜂봉糕고○　——

燒루糕고○　——

核허桃탸酥수○　——

江쟝米미条탸○　——

食飼

飯반粒리畀얼○ 밥풀　　窩쿵飯빤○ 띤밥

晌샹飯빤○ 낫밥　　熬쌰粥쥬○ 쥭다

稀시粥쥬○ 믈근쥭　　乾깐酒쥬○ 燒酒

麴취子즈○ 누록　　釀양酒쥬○ 술빗다

酒쥬糟짜○ 지강　　水쉬酒쥬○ 무술

五우香샹酒쥬○ 五香든술　　黃황酒쥬○ ‖

壯쟝元원紅흥○ ‖　　蓮련花화白배○ 빗흰술

鹿루肉유○ 사슴의고기　　獐쟝子즈肉유○ 놀리고기

兎투肉유○ 톳긔고기　　牛뉴肉유○ 쇠고기

牛뉴肚두子즈○ 쇠양　　牛뉴心신○ 쇠염통

粝쟉奮련○ 소ᄋ즉함

臉련髒쟝○ 늦더럽다　　　　鏡쟝髒채水슈○ 거울거리

掏닫耳일朶도○ 귀여지ᄂ다　梳수粧쟝○ 단쟝

窓와耳일

食시餌얼

眅파米마○ 쓸슬타　　　　　打다水쉬○ 물깃다

揭닫米미

眉왾水쉬○ 믈쓰다　　　　　淘탇米미○ 쓸이다

做주飯반○ 밥짓다　　　　　蒸증飯반○ 찐밥

悶민飯반○ 밥띄오오다　　　爛란飯반○ 무른밥

餱수飯반○ 쉰밥　　　　　　燋쵸飯반○ 누른밥

湯탕飯반○ 물에ᄆᆯ온밥　　撈랔飯반○ 밥건디다

梳洗

57

梳수頭투○마리빗다　　縮완頭투髮바○마리 빗다　乳子頭투髮바

編변頭투髮바○마리 닷타　辮변子즈○다흔 것

鬆판頭투○마리싹유다　　雲윤鬟환○마리 싹 윤것

戴대冠관○冠쓰다　　　　戴대花화○꼿 꼿다

洗시臉련○낫 싯다　　　　漱수口큐○양치흐다

扣쿠牙야○니 쓔시다　　　剔텨牙야○니 닥다

搽챵粉분○분 ㅂ로다　　　描뫼眉메○눈ㅅ섭 짓다

点뎐紅훙○臙脂 ㅂ르다　　洗시澡쟢○목 욕흐다

洗시手슈○손 싯다　　　　修슈手슈○손톱 다듬다

修슈脚쟌○발톱 다듬다　　鑷뎝子즈○쪽 집개

56

绣식鞋셰 ○ 슈신　　打다捗 ○ 비이다

遞미衣의裳샹 ○ 옷밧드나　　穿촨衣의裳샹 ○ 옷닙다

抖두衣의裳샹 ○ 옷떠다　　撩략衣의 ○ 옷거두치다

烘홍衣의裳샹 ○ 옷불에물듸　　剝밧衣의裳샹 ○ 옷벗기다

脱호衣의裳샹 ○ 옷벗다오다　　反반穿촨 ○ 뒤집어닙다

洗시衣의裳샹 ○ 옷뱌다　　糨쟝衣의裳샹 ○ 옷에무리먹어다

黷쟌丁꽌 ○ 옷더러이다　　扭부水쉬 ○ 비트러물뜨다

疊뎝衣의裳샹 ○ 옷나혀다　　退퇴垢구 ○ 써지우다

裹꽈脚꺌 ○ 발싸개

服飾　梳수洗셰

55

油우衣의○유삼 苧 　簑소衣의○누역

腰요帶대○ㅣㅣ 艾 　香향荷허包밧○향낭

圍위裙군○휘건 　腿퇴帶대子즈○다님손

單단袴구○홋고의 　甲갑袴구○겹바지

綿면袴구○핫바지 　扣구上샹○단츄셰우다

裙군子즈○치마 　紐유子즈○단츄

襪와子즈○버션 　皮피襪와子즈○가죽버션

旱한靴쉐○무른훠 　朝쵸靴쉐○

靴쉐底디子즈○훗챵 　穿쳔靴쉐子즈○훠신따

脫토靴쉐子즈○훠벗다 　鞜쳡靴頭두○신뿔

54

玉위簪잔○――　　　　　金진釵차子즈○金빈혀

玉위釵차子즈○玉빈혀　　　鈿뎐子즈○부뎐

耳얼墜취○귀엿골　　　　　戒계指지○가락지

耳일空와○귀우개　　　　　朝챠服복○――

朝챠帶대○朝服에쯰느니씩　蟒망袍포○蟒龍옷

圓원領링○――　　　　　　圍위領링○항령

補부子즈○흉비　　　　　　汗한衫산○듬밧기젹습

風붕領링○풍太　　　　　　對뒤襟진○셥업슨옷

大다袖쓔衫산○큿옷　　　　馬마褂과子즈○긴져고리

褙앗子즈○핫옷　縣면襖앗　皮피襖앗○갓옷

服飾

幧頭服苧○ ──

服苧飾시 〔服飾〕

暖란帽모○ 겨울갓　　凉량帽모○ 여름갓

紗싸帽모○ ──　　油유帽모○ 갓모 帽모罩잔子즈

帽모子즈○ 갓　　草쵸帽모子즈○ 초갓

帽모頂딍兒얼○ 갓디우　　帽모簷뎐子즈○ 갓드르

珠쥬冠관○ 女冠　　頂딍子즈○ ──

斗두蓬퐁○ 삿갓　　網왕子즈○ 망건

圈쳔子즈○ 관즈　　頭루面면○ 首飾

包꽈頭틓○ 마리싸 ᄂ것　　帽모套토○ 紗帽이염

五二

媒메婆포錢쳔〇 듕인ㅅ갑　　花화紅홍利리市ᄉ〇 錢

喪쌍葬장

丁딩憂우〇 在상ᄒᆞ다　　去취世셰〇 죽다

啼티哭쿠〇 우다　　盛셩棺판〇 入棺ᄒᆞ다

吊됴孝쌷〇 帛問ᄒᆞ다　　停뎡尸ᄉ〇 빙소ᄒᆞ다

停뎡靈링〇 뎡구ᄒᆞ다　　屍尸身신〇 죽엄

帶대孝쌷〇 穿쳔孝쌷　　做주齋재〇 齋ᄒᆞ다

送숭殯빈〇 送葬ᄒᆞ다　　出츈殯빈〇 발인ᄒᆞ다

下쌰葬장〇 묫다　　回휘靈링〇 返魂

孝쌷滿만〇 服부다　　脫토孝쌷〇 거상벗다

婚혼娶ᄎᆔ

恭궁喜시 ○말 깃게라 致賀ᄒᆞᄂᆞᆫ 不부敢감○一ᄒᆞ여라

回휘拜배 ○회샤ᄒᆞ다

媒메人인 ○듕ᄆᆡ　　主쥬婚혼 ○婚姻ᄆᆞᄋᆞᆷ알아ᄒᆞ다

庚ᄀᆡᆼ帖뎨 ○四柱　　定뎡親친 ○婚姻졍ᄒᆞ다

女녀兒ᅀᅥ ○셔악시　　媤시婦부 ○며누리

做주親친 ○婚姻ᄒᆞ다　　送ᄉᆞᆼ禮리 ○送彩ᄒᆞ다

彩ᄎᆡ禮리 ○納彩ᄒᆞ다　　下햐紅홍定뎡 ○婚書보ᄂᆡ다

親친家쟈 ○사돈　　女녀婿쉬 ○사위

嫁쟈人인 ○셔방맛다　　歸귀娚ᄂᆞᆷ家쟈 ○本家에보ᄂᆡ

50

歪왜靠깟○시즐이다　打다睏둔○조우다

一이打다裏리睡쉬○혼디셔通통脚쟢睡쉬○자다

濃롱睡쉬○깁게자다　做주夢믕○쏨쑤다

夢믕話화○줌쇼디　睡쉬醒싱了랼○줌씨다

爬파不부起치來리○긔디못ᄒ다

禮리度두

叩커頭투○마리좃다　行싱禮리○ㅣㅣᄒ다

跪궤着져○섯다　뙤쟢喚환○브르다

賀허喜시○하례ᄒ다　慶칭賀허○ㅣㅣ

答다應잉○되답ᄒ다　回휘話화○말솜회답ᄒ다

49

抿만嘴쥐○입벗다　　流류涎여○춤흘니다

拍패手쇠○손쳐부르다　日루吧바吧바○입병읏거리

搽싱鼻비○코푸다　　靠꽈前쳔○앞프로나아가다

靠꽈後후○뒤흐로므르다　趃두過궈來래○거너려오다

跳뚀過궈去취○뛰여넘다　溜류邊변走주○가으로가다

挾쟈着져○끼다　　揣쵀着져○품의질으다

揑단着져○메다　　摟루着져○그리안따

歪왜坐조○거오로안따　跐듄坐조○조뇨리껴안따

跪케坐조○꾸러안짜　踢탕者쳐○눕따

虎꽈了랴○갓부다　　廻휘避삐○피흐다

48

眼안睜日 ○ 눈의틔드다　　眼안抇쥐 ○ 눈무뒤다

耳얼眩션 ○ 귀의 쳥ᄒᆞ다　　耳얼響썅 ○ 귀운다

動둥靜쪙

父차手샤 ○ 풀ㅅ댱디르다　　搓초手샤 ○ 손비비다

撚년指즈 ○ 뱌븨다　　手샤勢시 ○ 손밧변ᄒᆞ다

轉좬身신 ○ 몸도로혀다　　跳탇身신 ○ 몸띄노다

身산虛슈 ○ 몸약ᄒᆞ다　　回휘頭투 ○ 마리두로혀다

偸루看칸 ○ 여어본다　　瞭랻望왕 ○ 바라보다

睜징眼얀 ○ 눈부룹드다　　丟듀眼얀色새 ○ 눈주다

扭뉴嘴쥐 ○ 입주다　　噯ᄎᆡ嘴쥐 ○ 입마초다

嗽息

47

吁위歎탄○한숨디다

嘈찬嚷양○지져귀다

啞야唗미○隱語

强챵嘴쥐○말다스리다

賭두氣치○셩결우다

渴거怒지○목마르다

害해羞샨○붓그럽다

撒싸性싱子즈○셩늬다

喝거倸쳬○혀츠다

舒슈腕완○기지개흐다

叫쟌苦쿠○셜웨라

鬧났的디譅황○덤벙이다

咕구嚷능○ㅁ음에노흐여구두더리다

埋매怨원○원망흐다

发피氣치○낫붓키다

害해怕파○저프다

忍인住쥬○촘다

性싱急지○셩므르다

錯초認인○그릇아다

瞞잔眼얀○눈금겨기다

46

穩운婆퍼 ○아기나 히는겨집　添텬孩해子즈○아기낫다

氣치息시

打다嗝해啩부 ○트림ᄒᆞ다　打다噎디嚔픈○ᄌᆞ최음ᄒᆞ다

打다呵허欠쳔 ○하픠음　打다寒한嗪진○존져리치다

出츄氣치 ○숨쉬다　噎어唎러○목메다

欬커嗽수 ○기춤　打다嘴거嗟다○피긔　打다噎어

醋추心신 ○신트림오르다　惡어心신○아닉곱다

唾투沫머 ○춤밧다　吐투痰탄○ᄀᆞ리춤밧다

啞자嘴쥐 ○입다시다　歷야嗏쌍子즈○목쉬다

淘탈氣치 ○의쁘다　悶먼得더謊황○心신悶먼

老랑蒼챵 ○ 늙어뵌다

孕잉産챤

懷회身신 ○ 아기비다

轉좐胎태 ○ 아희밸으다

臨린月월 ○ 臨림朔숴ㅎ다

丟듀孩해子ㅈ ○ 아희디다

小쇼哇퐈哇퐈 ○ 아희

摘재妳내子ㅈ ○ 졋ᄠᆞ다

月월經징 ○ |

月월布부 ○ 조ㅎ셔답

害해喜시 ○ ㅈ식서다

月월未위成쎵 ○ 둘못ᄎ다

生슁下햐 ○ 낫타

盪탕血혜來래 ○ 피흐르다

喫치妳내 ○ 졋먹다

洋양妳내 ○ 졋토ㅎ다

盪탕紅훙 ○ 月經흐르다

産챤房방 ○ 아기나흔房

44

腰왜子ᄌ〇콩팟　大다腸챵子ᄌ〇큰챵ᄌ

膽담〇ㅣ　卵란子ᄌ〇불

臀툰子ᄌ〇볼기　屁피眼얀〇밋구무

大다腿퇴〇텹덕다리　小쇼腿퇴〇죵아리

腿퇴肚두字ᄌ〇죵산지　曲쥐膝시〇무롭

脚쟌後후跟곤〇발뒷측　脚쟌心신〇발ㅅ바당

踝궈子ᄌ骨구〇복쇼아뼈　黑희子ᄌ〇샤마괴

痣지子ᄌ〇ᄀᆞ뭄의　大다便변〇큰믈, 抧라屎시

撒쌰溺뇨〇져근믈　鬆숑水쉬〇陰水

少쌰白ᄇᆡ〇 旱白ᄒᆞᆼ다　嫩를嚥챨〇절머본다

43

手싁心신○손ㅅ바당

手싁紋운○손ㅅ금　　手싁指즈甲쟈○손ㅅ톱　手싁虎후口구○

拳궐頭투○주머귀　　大다拇무指즈○第一指

長챵指즈○中指　　　小쌰指즈○五指

妳내子즈○졋　　　　妳내膀팡○졋가含

胃쑹膣탕○가含　　　肋레條탸○가리뼈

脊지樑량○등　　　　身신腰요○허리

軟연腰요○즌허리　　心신窩위○명치

肚두子즈○비　　　　肚두臍치○빗곱

肝간花화○肝　　　　肺뵈子즈○부으

42

牙야○니

牙야根근見얼○니스므음

齼밭牙야○엄니

牙야框쾅○니ㅅ블희붓든다

舌셔尖쟌○혀끗

連련鬢빈鬍후子즈○구레나릇

頷보子즈○목

氣치嗉쌍○목심줄

肩쟌膀팡○엇개

手식腕완子즈○쏜목

身軆

門믄牙야○잎니

月워牙야○숑낫니

妳내牙야○젓니

舌셔頭투○혀

鬍후鬚슈○슈염

下쌰頷카○아리탁

嗦쌍子즈○목줄써

嗉수㑷대○숨통

肐거膞바○풀쑥

手식背비○손ㅅ등

眼안眉메 ○눈ㅅ섭

眼안睛정 ○눈망올

眼안瞳둥子즈 ○눈ㅅ동자　　眼안眶광 ○눈어엿

密미縫봉眼안 ○ᄀ눈눈　　眼안脂지見얼 ○눈ㅅ뭅

耳얼 ○귀　　耳얼朶도眼안 ○귀ㅅ구무

耳얼根근 ○귀밋　　耳얼輪륜 ○귀ㅅ박회

鼻비子즈 ○코　　鼻비樑량 ○코ㅅ무ᄅ

鼻비準준 ○코ㅅ굿　　鬂빈照죠 ○귀밋털

臉련 ○낫　　面면皮피 ○낫갓

兩량臉련骨구 ○쌍디뼈　　口큐 ○입

口큐唇츈 ○입시올　　口큐吻운 ○입아귀

四○

歹대話회 ○ 모 덛 말

胡후罵마人인 ○ 공연이 삭짓 다

不부成셩器긔 ○ 사름못될것

沒메)良량心신 ○ 心術不正 혼다

業예障챵 ○ 원수스러온놈

混혼帳쟝的디 ○ 안이된놈

小쌰看칸 ○ 엽슈이녀기다

雜자種즁 ○ 잡씨

身신子즈 ○ 몸

身신體티 ·

頭투頂딍 ○ 뎡박이

頭투腦놔 ○ 마리끌슈

天뎐頂딍 ○ 니마

頤신門믄 ○ 쉿구무

天뎐靈링盖개 ○ 뎡박이에더

印인堂탕 ○ 양미간

頭투髮밤 ○ 마리력

腦놔袋대 ○ 되골

眼안 ○ 눈

39

寶貤眷쥔○눔의 안히 고징　命짝翠짝○눔휘 쳠공졍호,눈

貴뭐庚궁○눔의 年두 뭇눈　貴非府부○눔의 집 위호,눈말

官관印인○눔의 官씨 뭇눈　原뭔籍젹○姓本

托토庇비○分　不부敢간○싱심이나

頂딩戴대不부起치○호,이다　分만上쌍覆부○말合엿줍다

萬완禍부○猶稱平安 請칭安안

驢루養양的디○나귀삐　狗굿娘냥的다○기희삐

該개死쓰的디○주글놈　嚇쏴他타○저히다

罵마辱유

惡어他타○뮈위호다　喫치罵마○쑥앸罵마지람듯다

38

匠징人인 ○ 通行匠人　樂야工궁 ○ 풍뉴아치

養양漢한的디 ○ 花娘　耍ㅿㅁ字ㅈ ○ 꽝딕

表뵤子ㅈ ○ 곳나희　光광棍군 ○ 놈께집업고無賴호

脣투戶후 ○ 빅댱　剃티頭투的디 ○ 마리싹ㄴ이

叫챤化화子ㅈ ○ 거어지　討탇饭반的디 ○ 밥거어지

敬징重중

老랄大다人인 ○ 눈말 大人위ㅎ　太태爺여 ○ 어른

令링爺윤 ○ 놈의아비고경　令링堂탕 ○ 놈의어미공경호

大다哥거 ○ 밋兄　老랄孃냥 ○ 어마위호눈말

老랄爺여 ○ 아비위호는말　貴귀姓싱 ○ 놈의姓뭇눈말

人品　尊준姓싱

37

瘦삭子즈○여윈사름

斜셰眼안的디○눈을깐놈

膆싸子즈○눈먼놈

朦멍子즈○清盲

啞야吧바○벙어리

拮지吧바子즈○놈더두어리는

齄웅鼻비子즈○코머근놈

糟찬鼻비子즈○쥬부코

齙받牙야子즈○니버든놈

癟토子즈○곱댱이

蹶춰子즈○져눈놈

歪왜嘴쥐子즈○부리기온놈

韓룽子즈○귀먹은놈

瘦엉頦보子즈○목에혹도든

歪왜頦보子즈○목기온놈

瘻엉頦보子즈○목에혹도든

風봉漢한子즈○미친놈

粧챵韓룽的디○귀먹은체호

酒쥬鬼귀○쥬망

癡치厮스○어린놈

痔좌子즈○팔목업는놈

36

老란頭투子조 ○늙은사룸　伶링俐리的디○伶俐혼사룸

老랍寶시的디○교디식혼사　詭궤譎휼的디○쇠기눈사룸

懶란惰타的디○게으른사룸　嘴쥐碎쉬的디○죤말ᄒᆞ눈사

鞦시拗요人인○고집이눈사　傍쌘人인○둔혼사룸

莊쟝家갸○향음　姦간猾활的디○간亽혼이

撒싸謊황的디○거즛말ᄒᆞ눈　蟒망漢한子즈○모리와드눈놈

用용强챵的디○셩악혼이　矮왜子즈○난장이

초漢한○킈젹은놈　大다漢한子조○킈큰놈

禿투子조○믠머리　鬍후子조的디○슈염만혼이

光광嘴쥐子조○슈염어븐눈이胖팡子조○술씬사룸

人品

人인品픔편

小싸廝亽○아희놈　儿야頭투○마리싸다 휘계짓는

娌니子즈○계집년

好한人인○죠흔사람　万덕人인○상오나 온사람

賴래皮피○미운놈

獸젹子즈○못성긴놈　蠢츈人인○미혹훈사람

飛비膀방子즈○놀치도드사람　胡호塗두的디○흐리멍덩훈사람

相샹面면○相보는사람　弄롱戲희法밥的디○도셜는놈

算산命밍的디○陰陽아는사　觀관風붕水쉬的디○地興

太태醫이○醫員員　獸쉬醫이○즘성고치는사

鬆쑹漢한子즈○섭섭훈놈

皇황后후○┈┈

王왕妃비○┈┈

王왕女녀○┈┈

儀의賓빈○諸王의사위

大다老로爺야○┈┈

姊내姊내○각시님

小쌰娘냥子즈○쳡

伴반當당○跟隨人 머리 루 目 무

門문子즈○통인아희

丫야鬟환○계집아희죵

尊卑

殿뎐下하○諸王

王왕子즈○┈┈

駙부馬마○皇帝人사위

大다人인○노픈사름

官관人인○벼슬ᄒᆞ는사름

正징娘냥子즈○大다娘냥子즈 안히

序슈班반○外國사름되졉ᄒᆞ

跟ᄀᆞᆫ馬마的디○물구죵

奴누材채○사나희죵

班반頭투○ᄯᅡ두소령

33

念념佛불 ○ㅣㅣㅎ다　　念념經경쟝 ○經딕리다

合합掌쟝 ○ㅣㅣㅎ다　　道됴士쇼 ○ㅣㅣ

得득道됴 ○ㅣㅣㅎ다　　修슈行ᄒᆡᆼ ○조심ᄒ다

吹취海해螺루 ○솔와부다　　打다銅퉁鑼로 ○바라티다

撞당鐘즁 ○쇠북티다　　袈갸裟사 ○ㅣㅣ

箬약笠리 ○굴갓　　圓원寂지 ○즁죽다

羽유化화 ○道士죽다　　木무魚위 ○ㅣ니

城청隍황廟묘 ○ㅣㅣㅣ

辱준卑비

萬완歲쉬 ○皇帝　　皇황太태子즈 ○ㅣㅣㅣ

32

寺亼觀관

寺亼院원 ○뎔	庵안子즈 ○져근뎔
廟묘堂탕 ○ㅣㅣ	佛부殿뎐 ○法堂
禪쎤堂탕 ○좌션ㅎㄴ뒤	皷구樓루 ○북단누
鐘즁樓루 ○쇠북단누	佛부堂탕 ○ㅣㅣ
塔타兒얼 ○탑	泥니像샹 ○塑像
佛부像샹 ○부텨	拜배佛부 ○부텨쇠례ㅎ다
供궁佛부 ○부텨공양ㅎ다	齋재僧승 ○즁이밧다
長챵老랏 ○즁위ㅎ는말	和허尙샹 ○通稱즁
尼ㄴ子즈 ○계집즁	沙싸彌미 ○샹재

尊卑

31

迷미路루 ○ 길일타　　慒우路루 ○ 길 머므다

收싥拾사鋪푸盖개 ○ 자리것

打다過궈站잔 ○ 越잔ᄒ다　　前쳔站잔 ○ 先站ᄒ여가는이

倉창庫쿠

開개倉창 ○ ——ᄒ다　　上썅糧량 ○ 穀食바디다

管관糧량 ○ 穀食밧다　　散솬糧량 ○ 穀食차하ᄒ다

關판米미 ○ 쓸타　領링米미　　量량糧량 ○ 穀食되다

起치觧후 ○ 휘로되다　　斗두子즈錢쳔 ○ 말삭

脚쟈錢쳔 ○ 삭갑　　稅쉬錢쳔 ○ ——

囤둔倉창 ○ 露積

30

釣딴鉤구○낙시　　　　釣딴線션○낙시ㅅ줄

釣딴魚어○고기낙다　　魚어餌위○낙시ㅅ밥

舘관驛역의○

驛역站잔○　　　　　　舘관夫부○使客答應ᄒᆞᄂᆞᆫ

廚츄子즈○　　　　　　馬마牌패○물가흠아ᄂᆞᆫ자

鞴배鞍안子즈○기르므짓다摘재鞍안子즈○기르므벗기기

批초鐙등子즈○　　　　馬마料료○물콩

摘재彎비子즈○굴러벗기다上샹嚼쟉子즈○마함씨다

壹아起차○　　　　　　兩량起차○두힝차

鋪푸盖개○　　　　　　鋪푸上샹○자리펴다

田魚…

29

鋼쌍삿차 ○ 三枝槍

火호鎗챵 ○ 총

大다砲뽀 ○ 大碗口

洪흥眼얀砲푀 ○ 大銃

擡태鎗챵 ○ 千步銃

寶밭劍쟌 ○ 一

旗쳐幅붝 ○ 귓발

鐵텰蒺치蔾리 ○ 말음쇠

號핫旗치 ○ 標旗

打다帳쟝房방 ○ 쟝막치다

佃뎐漁别

打다圍위 ○ 산영ᄒᆞ다

捕푸戶후 ○ 산쟝어

鷹잉把바戲시 ○ 매밧는놈

搜수獸쉬 ○ 즘싱뒤지다

放방鷹잉 ○ 매놋타

袖수網왕 ○ 통그믈

撒사網왕 ○ 그믈텨다

榜방罟網왕 ○ 그믈것다

28

不부申슌○뭇갓다十　　撒싸開개○ 훗터지다

軍군器긔치○

盔쉬甲갑쟝○ 투구　　金긴盔쉬○금투구

鐵텩甲갑쟈○ 쳘갑　　腰얍刀도○ 長劍

短돤刀도○ 二　　弓궁弩노○ 소닉 활

上쌍弓궁絃션○ 활짓다　　卸셰弓궁絃션○ 활브리오다

箭쟌○ 通箭 살　　上쌍樺화○ 봇올리다

纏쳔筋친○ 활에힘감다　　飛비魚위佾대○ 활동기

火호箭쟌○ 신긔젼　　令링箭쟌○ 一一

槍챵○ 一　　刺쟈槍챵○ 長槍

27

教쟌閱열

教쟌塲챵○ 習陣ᄒᆞᄂᆞᆫ 터 排배隊뒤○ 쩨짓다
禁진衞위軍쥰○ 禁軍 親쵼兵빙○ 操챻兵빙○ 習陣ᄒᆞ다 操챻練련
調땨兵빙○ 軍士調發ᄒᆞ다 砲포手슈○ ㅡㅣㅡ
吹취號호○ 라발부다 吶눌喊함ᄒᆞ다
打다鼓구○ 북티다 砲포手슈○ ㅡㅣㅡ
裝쟝藥얃○ ㅡㅣㅡㅎ다 放방砲포○ 블노타
埋매伏부○ 伏兵ᄒᆞ다 跑포馬마○ 물돌리다
拉랍弓궁○ 활드리다 射셰弓궁○ 활쏘다
瑺도子즈○ ㅛ포 中쥼子쟏○ 맛다

26

打다炕캉 ○구들드리다　　彎완子즈炕캉 ○□□으로드린구들

炕캉沿연 ○구들뎐　　糊후窓창 ○窓비ᄅᆞ다

裱빙糊후 ○도비ᄒᆞ다　糊후墻창　　笆바籬리 ○바자

院원子즈 ○뜰　　打다墻창 ○담ᄡᅡ다

茅마房방 ○뒷간　茅마厠ᄉᆞ　　草찬紙즈 ○밋ᄯᅳᆫ죠희

馬마房방 ○ᄆᆞᆯ오양　馬마圈쳔　　槽찬子즈 ○ᄆᆞᆯ구유

羊양圈쳔 ○羊의우리　　猪쥬圈쳔 ○돗화우리

狗구窩위 ○개자리　　狗구食시 ○개밥

鐵텰匠쟝爐루 ○뒤쟝의플무　尨와窑요 ○기와굽ᄂᆞᆫ굴

水쉬筧견 ○홈

樓루房방○ 다락집　　亭뎡子즈○ㅣㅣ

厨츄房방○ 飮食달오ᄂᆞᆫ집　　凉량棚픙○ 가개

廂샹房방○ 翼廊　　盖개房방子즈○ 집짓다

窩위房방○ 草幕 窩위鋪푸　　仰양尨와○ 암기와

虓퉁尨와○ 수기와　　脊지樑량○ 다루

大다柱쥬○ 기동　　大다樑량○ 보

架쟈樑량○ 들ㅅ보　　托토檁린○ 당ᄒᆡ도ᄅᆞ

檁린子즈○ 中房木　　窓챵臺래○ 窓지방

窓챵沿연子즈○ 門탁　　窓챵骨구子즈○ 窓살

門믄框광○ 門얼굴　　門믄坎칸○ 門저방

大다主쥬考고○上試官　　舉쥐人인○舉子

秀슈才재○ㅣㅣ　　出츄題탸○글題니다

大다宗종師쓰○恩門先生　　中즁舉쥐○及第호다

黃황榜방○科擧人榜　　壯쟝元원○ㅣㅣ

榜방眼안○둘재　　探탄花화○셋재

會훠元원○會試壯元　　喜시報보○及第호ㄴ거ㅣ별

屋우宅재

房방子즈○通稱집　　上쌍屋우○몸쳐正징房방

瓦와房방○기와집　　草찬房방○초개집

臥위房방○쟈는방　　客키廳팅○ᄉ랑

科擧　　屋宅

敎訓훈 ○ 고르치다	學生書슈 ○ 글비오다
念書슈 ○ 글외오다	寫字츠 ○ 글쓰다
背誦念년	對句 ○ 聯句짓다
做詩스 ○ 글짓다	楷書슈 ○ 正字
做文운章쟝 ○ 줄글짓다	裁紙즈 ○ 죠희모르다
抄書슈 ○ 글벗기다	書架쟈 ○ 칙거리
筆秀투 ○ 붓무되다	放學 ○ 學에뎌션비노다
墨稀시 ○ 먹스의다	
科擧 ○	鄕試스 ○ 初試
上考塲쟝 ○ 試塲에가다	貢院 ○ 試所
大考 ○ 會試	

22

鏁쏘頭투○ 자믈쇠　　鑰쏘鏁쏘○ 녯쇠

開캐鏁쏘○ 즈믄門먼여다

橋쨛梁량

橋쨛○ 通稱 드리　　石씨橋쨛○ 돌드리

板반橋쨛○ 널드리　　獨두木무橋쨛○ 외나모드리

浮부橋쨛○ 믈에띄워노흔드　　打다橋쨛○ 드라노타

橋쨛塲탈咧려○ 드리믄허디　　修슈橋쨛○ 드리곳타다

學쌱堂탕○　　學쌱校쨛○

師쓰傅부○ 一승　　上썅學쌱○ 導당堂의가다

師쓰傅부○ 巫무조館관　　徒투弟디○ 弟子오다

奠뎐酒쥬○盞드리다

供궁獻헌牲성○祭物믈이다

讀두祝쥬○念념祝쥬

燒쇼香샹○ㅣㅣ

燒쇼紙즈○紙錢술오다

跳됴神신○굿ᄒᆞ다

還환愿원○發願메로ᄒᆞ다

城쳥郭곽 귀

城쳥圈현○城周回

皇황城쳥○都城

城쳥壕환○城밋히즈

城쳥樓루○ㅣㅣ

採토口쿠○城가쾌

門믄樓루○ㅣㅣ

烟연臺ㄷᆡ○ㅣㅣ

夾쟈道도○城上道

鎖쇠門믄○門즈무다

關관門믄○門닷다ㅣ

20

世셰襲습的디官관○세습ᄒᆞᄂᆞ벼ᄉᆞᆯ 做주官관○벼ᄉᆞᆯᄒᆞ다

欽친差채○ㅣ- 　現현官관○時任

陞승官관○陞職ᄒᆞ다 　候후補부○待闕ᄒᆞ다

前젼任인○前職 　委위員원○官員

派패員원○官員을그어보니ᄂᆞᆫ 　革거職지○ㅣ-ᄒᆞ다

俸봉祿루○녹 　原원職지○本職

○祭지祀ᄊᆞ

祭지天텬○하ᄂᆞᆯ의祭ᄒᆞ다 　祭지地디○ᄯᅡᄒᆡ祭ᄒᆞ다

祭지太태廟묘○太廟에祭ᄒᆞ 　祭지家갸廟묘○家廟에祭ᄒᆞ

上샹墳분○拜墓ᄒᆞ다 　齋재戒계○ㅣ-ᄒᆞ

官職

19

治지 儀의正졍○ ― ― ―
守슈備비○ ― ― ―
章쟝京깅○ ― ―
守슈禦위所소千쳔總즁○ ― ― ―
整졍儀의尉위○ ― ― ―
驍쇼騎치○[― ―]
翎링長쟝○ ― ― ―
把바總즁○ ― ― ―
藍란領링長쟝○ ― ― ―
差채官관○ ― ― ―

軍쿤校꺄○ ― ― ―
副부尉위○ ― ―
防방禦위○ ― ―
鋒봉校꺄○
門믄千쳔總즁○ ― ― ―
固구山싼達中○
城쳥門믄吏리○
提리塘탕○ 各省의파발가음
前쳔程쳥○ 通稱벼슬

18

散쏘秩지大대臣신　○｜｜｜　副부將쟝　○｜｜

冠관軍쥰使쓰　○｜｜｜　長쟝史쓰　○｜｜

翼이長쟝　○｜｜　營영總종　○｜｜

叅찬領링　○｜｜　總종管관　○｜｜

城청守슈尉위　○｜｜｜　叅찬將쟝　○｜｜

協셰領링　○｜｜　遊유擊지　○｜

城청門믄領링　○｜｜　雲윤麾휘使쓰　○｜｜｜

佐조領링　○｜｜　協셰尉위　○｜｜

防방守슈尉위　○｜｜｜　司쓰儀이長쟝　○｜｜｜

都두司쓰　○｜　典뎐儀이　○｜｜

言識

十七

訓젼導됴○ ｜｜　　　司스書슈○ ｜｜

吏리目무○ ｜｜　　　序슈班빤○ ｜｜

檢쟌校쟌○ ｜｜　　　照죠磨모○ ｜｜

巡슌檢쟌○ ｜｜　　　驛여丞승○ ｜｜

孔쿵目무○ ｜｜　　　典뎐使스○ ｜｜

領링侍시衛위大다臣친○ ｜｜｜｜

內비大다臣친○ ｜｜　　　自此至提塘皆稱

將쟝軍쥰○ ｜｜　　　九직門믄提티督두○ ｜｜

統퉁領링○ ｜｜　　　都두統퉁○ ｜｜

副부都두統퉁○ ｜｜　　　總중兵빙○ ｜｜

鑾롼儀여使스○ ｜｜｜

武官

16

修슈撰찬○──　理리問문○──

州쥬同동○──　寺亽正정○──

編편修슈○──　評평事亽○──

博박士亽○──　司亽庫고○──

筆비帖뎨式시○──　主쥬簿부○──

敎쟌授슈○──　縣현丞승○──

知지事亽○──　檢검討토○──

中즁書슈○──　州쥬判반○──

司亽務우○──　大다使亽○──

司亽獄쇽別별○──　學학正정○──

官戠

侍시郎랑○ 學坐士쓰○

巡슌撫부○ 布부政징使쓰○

府부丞승○ 通룽政징使쓰○

階쟌事쓰○ 太태常챵寺쓰卿칭○

府부尹인·○ 副부都두御위史쓰○

按안察차使亽·○ 大中理라寺쓰卿징○

光꽝祿루寺쓰卿징○ 太태僕부寺쓰卿징○

巡슌街제御위史쓰○ 巡슌漕찬御위史쓰○

少쌰卿징○ 鴻훙臚루寺쓰卿징○

14

知지府부 ○ 一一

給긔事丛中즁 ○ 一一　　叅찬議이 ○ 一一

郎랑中즁 ○ 一一　　治지中즁 ○ 一一

同통知지 ○ 一一　　知지州쥬 ○ 一一

洗시馬마 ○ 一一　　監쟌察차御위史丛 ○ 一一

司丛業여 ○ 一一　　員원外왜郎랑 ○ 一一

經깅歷리 ○ 一一　　主쥬事丛 ○ 一一

都두事丛 ○ 一一　　京깅縣션 ○ 一一

　　　　　通통判반 ○ 一一

知지縣션 ○ 一一　　贊찬善션 ○ 一一

13

家쟈信신○ | ─ ─ ─ 回휘信션○ 答書

告괌服쟈○ 슈유ㅁㄹ다

官관職쳐

公궁○ | 侯후○ |

伯버○ | 子ㅈ○ |

男난○ | 太태師ㅆ○ | |

太태傅부○ | | 太태保보○ | |

太태學ㅎ士ㅅ○ | | | 中즁堂탕○ 졍승기老라

尙샹書슈○ | | 左초都두御위史ㅆ○ | |

右우都두御위史ㅆ○ | | | 總총督두○ | |

上諭(싸論위)　○　皇帝닐ㅇ시는말

頒諭(頒반諭유)　○　詔書頒布ㅎ다

旨意(旨즈意의)　○　──

頒敕(頒반敕)　○　敕書頒布ㅎ다

憲書(憲슌書슈)　○　曆書

表章(表章챵)　○　皇帝쇠 엿줍는글　월

詔贈(詔쟌贈증)　○　追贈

奉旨(奉봉旨즈)　○　지의 밧즙다

奏本(奏주本븐)　○　皇帝쇠 公事로 / 엿줍는글 월

呈請文(呈請文운)　○　──ㅎ다

遞呈子(遞디呈쳥子즈)　○　소지 졍ㅎ다 / 呈狀 장

報單(報單단)　○　人馬數뎍으는것

咨文(咨즈文운)　○　──

名帖(名밍帖뎨)　○　──

稟帖(稟빙帖뎨)　○　稟目

塘報(塘탕報)　○　파발

飛報(飛빅報)　○　急히 報호는글

批文(批피文운)　○　題辭

批下來(批피下싸來래)　○　題辭ᄂᆞ리다

書信(書슈信신)　○　──

公式　二　官職

六륙部부 ○ㅣㅣ 宗즁人인府부 ○ 宗親府

都두察차院원 ○ㅣㅣㅣ 翰한林린院원 ○ㅣㅣㅣ

理리藩반院원 ○ 門 掌外夷衛 內비務우府부 ○ 門 掌帑幣藏衛

總즁理리衙야門믄 ○ 各國일가? 마ᄂᆞ마ᄋᆞᆯ 影잉壁비 ○ 遮面墻

坐조堂탕 ○ 坐起ᄒᆞ다 回휘事스 ○ 일알외다

眞빙報보 ○ ㅣㅣㅎ다 照좌案안 ○ 前例로ᄒᆞ다 照좌例리

告곤示쓰 ○ 榜부티다 查차看간 ○ 相考ᄒᆞ다

謄듬文운書슈 ○ 文書벗기다 抄찰文운書슈 ○ 文書빠ᄂᆞ다

歷야印인 ○ 打다印인

公궁式시 ○

串촥堂탕○ 줄 行廊　　寶반座조○ 어답

坐초殿뎐○뎐좌ᄒᆞ시다 陛승殿뎐　　紫ᄌ禁진城쳥○ 딘궐셩

御위路루○一一　　擺배班반○班列녈ᄒᆞ다

面뎐聖셩○님금셔 뵈옵다　　上쌍朝죠○朝會가다

罷바朝죠○朝會맛다　　退튀朝죠○朝會을라나다

該ᄀᆡ班반○番ᄎᆞ례되다　　帑탕庫구○一一

大다衙야門믄○一一　　小쌰衙야門믄○一一

府부○外方큰마을　　州쥭○버금고올

縣현○뎌근고올　　內ᄂᆡ閣거○中書省

宮闕　二//　　

9

氷빙塊괴子즈○어름텅이　　薄밭氷빙○여름어름

凍둥到돠底디○밋ㄱ지어다　　跑뗘氷빙○어름타다

濕시潮챠오○축축ᄒᆞ다　　海해島또子즈○海島

塡뎐路루○길메오다　　掃쌰地디○ᄡ쓰다

灰휘土투○몬지

宮궁闕궈

大다內ᄂᆡ○大闕　　太다殿뎐○皇帝겨신ᄃᆡ

正징宮궁○皇后겨신ᄃᆡ　　東둥宮궁○太子겨신ᄃᆡ

王왕府부○諸王겨신ᄃᆡ　　正징殿뎐○公事ᄒᆞᄂᆞᆫᄃᆡ

太태和허殿뎐○죠회밧ᄂᆞᆫᄃᆡ　　正징門믄○가온딧門

8

三ㅅ숸　岔차　路루○쒜거림길　差차道도○어린길

路루濘닝○길즈다　十쉬字즈街졔○네거리

活호衕후術후衕퉁○통호골　死쓰衕후術후衕퉁○막□로골

凹와子즈○우묵흔디　溝구子즈○기쳔

上썅潮챣○먼물漲쟝潮챣　落로潮챣○혀□물回회潮챣

江쟝水쉬○ㅣㅣ　河허水쉬○ㅣㅣ

海해水쉬○ㅣㅣ　河허岔차○닉갈나진디

河허灣완○물구비　河허沿연子즈○물マ

擺배渡두口큐○ㄴ,ㄹ　浪랑頭투○물셜

馬마頭투○舡倉　沙쌰灘탄○沙場

地理

害해冷릉○치위 ᄃᆞ다　　冒맛風붕○ᄇᆞ람ᄄᆞ의 中

爆갇火호○블ᄢᅧ다

地디理리

山쌴頂딍○뫼ㅅ긋　　山쌴腰얕○뫼ㅅ허리

腰얕嶺링○뫳잘ᄯᅮ먹기　　嶺링牛반截져○령졀반

嶺링上쌍○령우희　　山쌴坡퍼○뫼ㅅ두던

大다甸뎐子즈○큰들　　太다道또○큰길

抄찰路루○즈름길　　彎완路루○구븐길

弓궁弦션路루○바ᄅᆞᆫ길　　弓궁背ᄈᆡ路루○도ᄂᆞᆫ길

涂솨踏中路루○즌길　　岔차路루○거림ㅅ차路루

6

伏복天텬○빅눌　　　開개亮량○동트다

清쳥早잪○아춤　　　狠흔早잪○ᄆᆞ장일짓다

晩쌍午우○앗　　　晩완晩쌍○져녁

整졍夜야○왼밤　　　晩완日이○ーー

打다更깅○경뎝타다　　　白ᄇᆡ日이○ーー

氣치候후

暖난和허○ᄃᆞᄉᆞ다　　　天텬熱여○덥다

狠흔熱여○가쟝덥다　熱여的미狠흔　凉량快쾌○서늘ᄒᆞ다

爽쌍快쾌○시원ᄒᆞ다　　　天텬冷릉○칩다

陰인冷릉○ーーᄒᆞ다　　　怕파冷릉○치위졋타

氣候　二

大다後후日이 ○ 글픠
這져箇거月워 ○ 이둘
來래月워 ○ 出츄月워 ｜｜
前쳔月워 ○ 거월
月워初초 ○ 초싱
月워半반 ○ 보롬
下싸半반月워 ○ 훗보롬
按안月워 ○ 둘마다
月워盡진 ○ 금음 月워底디
月워小쌰盡진 ○ 둘이져거고
今진年년 ○ 올
舊쥬年년 ○ 디나히 徃왕年년
前쳔年년 ○ ｜｜
開개年년 ○ 뇌년 明밍年년
年년終즁 ○ 歲末 年년底디
頭투年년 ○ 쳣히
滂랑年년 ○ 물세인히
拜배年년 ○ 歲拜
元원宵쌰 ○ 正月보롬 上썅元원
打다春츈 ○ 立츈노롯

4

輕칭霜쌍○ 무서리　　苦쿠霜쌍○ 된서리

氷빙雹반○ 믈위　　下쌰雪쉬○ 눈오다

雪쉬大다○ 눈만히오다　　雪쉬花화○ 눈숏

雪쉬住쥬○ 눈기다　　雪쉬化화○ 눈녹다

又 時시令령

春춘○ 봄　　夏쌰○ 녀름

秋츅○ ᄀᆞ을　　冬둥○ 겨을

今진日이○ 오늘　今진天텬　昨조天텬○ 어제　昨조見 얼筒거

明밍日이○ 닉일　　前쳔日이○ 그제

大다前쳔日이○ 굿그졔　　後후日이○ 모리

天文

頂뎡風붕 ○ 마조부는ᄇᆞ람　　背ᄇᆡ風붕 ○ 뒤흐로부는ᄇᆞ람

旋원風붕 ○ 호로리ᄇᆞ람　　雲윤彩채 ○ 구름

打다雷레 ○ 우리ᄒᆞ다 天텬鼓구　　天텬부한 ○ ᄀᆞᄆᆞ다

暴발雨위 ○ 쇠나기　　雨위大다 ○ 비맣타

濛멍鬆쏭雨위 ○ ᄀᆞ랑비　　連련陰인雨위 ○ 하ᄂᆞᆯ빚다 霖린雨위

冒맏雨위 ○ 비맛다　　天텬淸칭 ○ 하ᄂᆞᆯ빚다

打다閃쌴 ○ 번게ᄒᆞ다　　水쉬漲쟝 ○ 랑수나다

水쉬沫모子즈 ○ 믈거품　　下쌰露루水쉬 ○ 이슬디다

下쌰霧우 ○ 안개오다　　霧우罩쟢 ○ 안개ᄢᅵ이다

下쌰霜쌍 ○ 서리오다　　打다霜쌍 ○ 서리ᄠᅵ다

華語類抄

天뎐文운

老란天뎐○하ᄂᆞᆯ

日이暈훈○히ㅅ모로　日이圍횡ᄎᆞᆯ

日이蝕사○ㅣㅣ

月워亮량○ᄃᆞᆯ붉다

星싱○별

朗랑星싱○새별

彗쥬星싱○혜셩　尾미把바星싱

虹훙現현○무지게셔다

日이頭투○太ᄐᆡ陽양 히

月워頭투○太ᄐᆡ陰인 ᄃᆞᆯ

日이紅훙○희돗다

天뎐河허○銀河

流류星싱○쏘아가ᄂᆞᆫ별

參찬星싱○ㅣㅣ

虹훙橋쇼○무지게

刮과風붕○ᄇᆞ람부다

華音之ᅮ者ᅮ우之間音 輕唇音吹 他字有ᄫ

者倣此위者이우之重音한者하 오之重音他

字有ㅗㅜ者倣此古之初聲ㄱ者今多從ㅈ如

家字古ᄒᆡ非而今以재釋之之類是也古之無

傍人者今多加傍人如上字古音샹而今以쌰

釋之之類是也盖近日京音如是故不能不遵

然至於各省語之或有異同者不得盡從

華 語 類 抄

저자 **김 철 준**

1996년 연변대학 조선언어문학학부 졸업
1999년 연변대학 아시아아프리카언어문학학과 석사과정 졸업
2002년 연변대학 아시아아프리카언어문학학과 박사과정 졸업

현재 연변대학 조선언어문학학부 강사
　「『화어류초』 표기법 연구」 등 10여 편의 논문 발표

『화어류초』의 어휘 연구 ▪ ▪ ▪

인　쇄　2004년　10월　27일
발　행　2004년　11월　　3일

저　자　김　철　준
펴낸이　이　대　현
편　집　권　분　옥
펴낸곳　도서출판 역락
　　　　서울 성동구 성수2가 3동 301-80
　　　　(주)지시코 별관 3층
　　　　전　화 : 3409-2058, 3409-2060 / FAX : 3409-2059
　　　　이메일 : youkrack@hanmail.net
　　　　등　록　1999년 4월 19일 제2-2803호

정　가　15,000원
I S B N　89-5556-336-1-93710

▪ 잘못된 책은 교환해 드립니다.